自媒體斜槓教練

亨利溫——著

下班後繼續賺！

管理學╳心理學應用，
打造斜槓致富方程式

自媒體斜槓一年

我多存了 250萬

下班後繼續賺！
從今天開始養成你的

當薪資凍漲，收入有限已成
你更需要自我增值，贏取屬

// 全方位提升斜槓力 //
• • •

- ♛ **時間規劃**－高效善用 24 小時
- ♛ **個人品牌**－強化專業影響力
- ♛ **超速迭代**－不怕卡關能突破

「斜槓致富力」

常態……
於你的豐盛人生。

- ♕ **專案管理**–大幅提升執行力
- ♕ **優勢思維**–創造不可取代性
- ♕ **身心平衡**–保持穩定續航力

……更多實戰攻略都在本書，快來解鎖。

CONTENTS

第 *1* 章

開始斜槓前必須建立的心態

第 *2* 章

斜槓變現的底層邏輯

第 *3* 章

品牌力就是變現力！ 4 步驟強化個人影響力

第 *4* 章

專案管理 5 步驟，打造斜槓成功方程式

第 **5** 章

從 0 打造高效斜槓生活

透過斜槓，讓職涯發展加分

閱讀人社群主編　鄭俊德

你的錢夠用嗎？

當你覺得錢不夠用時，除了向老闆要求加薪或轉換工作跑道，還有沒有其他更安全的方法，來創造新收入呢？

其實是有的。

今天想跟大家分享這本書——《自媒體斜槓一年，我多存了 250 萬！下班後繼續賺！管理學 × 心理學應用，打造斜槓致富方程式》。

這本書為所有上班族朋友們提供了一整套方法，從心態建立到實際行動，幫助我們在職涯發展中創造更多可能性。

書中的「斜槓」概念，是以職涯發展、增加能力、自我實踐，以及自由選擇為目標，而不僅僅是增加收入。

單純為增加收入的斜槓，其實很難持久，因為這樣的動力往往不夠穩固。而有目標的斜槓，則能有效幫助累積資源與技能，並鋪就未來更好的職涯發展道路。

踏出斜槓的第一步對很多人來說是困難的，這本書提到了未知的恐懼、對失敗的擔憂、機會成本的考量等問題。那該怎麼做才能勇敢跨出第一步呢？

書中提到了三個實用的技巧：

一、把大目標拆解成小步驟：例如，如果你的斜槓目標是出一本書，可以把這目標拆解為尋找靈感、整理文章、與出版社接洽等小活動。

二、尋求同儕的支持：透過讀書會或學習團體，找到志同道合的夥伴，互相鼓勵、共同成長，並在適當的時候交流商機。

三、重新定義得失：把斜槓當作是自我成長與能力提升的過程，而不僅僅為了金錢的考量。這樣的視角轉變，可以讓我們在過程中保持平和，避免因為短期收益不足而放棄。

在書中，也提到了兩種主要的斜槓變現模式：

一、將時間與技術拿來賣：利用兼職的方式賺取收入，這是一種利用現有專業技能直接進行變現的方法。建議在下班或假日時進行，以免影響本職工作。

二、經營自媒體或實體販賣商品：例如，經營自媒體、電商等，初期需要投入較高的技術門檻，如寫文案、架網站等，但這些都潛力無窮，更容易在長期發展中獲得成功。

在斜槓過程中，我們必須先顧好正職工作，確保穩定性，

同時要考慮現階段的經濟狀況與興趣專長。斜槓初期應從小成本項目開始，逐步累積經驗，並考量自己的個人品牌定位——了解自己的優勢與風格，以及能為他人提供什麼解決方案。

當你透過社群媒體經營個人品牌，讀者會逐漸了解你的專業與特色，進而吸引更多合作機會。就像是閱讀人，也是透過不斷說書、訪談、直播，進而建立出版社的信任，以及企業讀書會的邀約合作，這些也是自我品牌累積而帶來的成果。

書中也強調要平衡正職與斜槓，避免在上班期間處理斜槓事務，以免違背公司契約精神。也可以思考，自媒體內容是否能對正職工作帶來正向影響。良好的公司溝通也很重要，讓同事與主管理解你的斜槓目標，避免誤解與衝突。此外，時間管理工具的有效運用也是關鍵，確保工作、生活與斜槓三者之間的平衡。

這本書幫助我們突破現狀，追求更多可能性，成就更好的自己。透過閱讀來翻轉人生，透過斜槓來打造全新的人生可能性吧！

每一個小小的堅持，
終將匯聚成改變的力量

電扶梯走左邊主持人 Jacky

嗨，大家好，我是電扶梯走左邊 Jacky。2024 年很開心可邀約 Henry 來到節目上，聊聊自律帶來的自信，並透過正向成長思維帶來斜槓致富。

Henry 是一位斜槓創業者、自媒體經營者，也是一位陪伴許多人一起成長的朋友。這本書，源自他一路走來的經歷，誠實地記錄了他如何在迷惘中找到方向，並一步步走向更好的自己。

2019 年的他，因失戀，決定重新整理自己的人生。他選擇了「行動」作為改變的起點，開始經營自媒體，分享他所學到的自我管理和品牌經營知識。最初的成績平平，但他沒有放棄，而是堅持每天產出內容、檢視自己、學習如何做得更好。從最初的一年 100 篇貼文、700 名粉絲，到後來的 9 萬多名追

隨者，這中間沒有捷徑，只有持續的行動與反思。

　　Henry 在書中分享的，並不僅僅是他成功的經驗，而是他如何在每個選擇的關口，耐心地找到適合自己的步伐。他提出了「資源綜效」的概念，教我們如何將時間和精力發揮到最大值。當我們的生活充滿多重目標時，學會取捨、專注於當下最重要的事情，才能避免被分散的選擇拖垮。

　　我很欣賞 Henry 的一個信念：**專注做好一件事，你會發光。**這道光，會逐漸照亮你生活的其他角落，幫你吸引到更好的機會和人。他也相信，行動才是一切改變的開始。無論多忙、多累，**每天保持「No Zero Day」的原則，哪怕只是完成一個小小的步驟，也要讓自己不斷前進**。這樣的堅持，會在不知不覺中，讓你離自己的理想生活越來越近。

　　這本書不僅僅是一本關於自我管理或品牌經營的工具書，更像是一位朋友的真摯分享，陪你走過迷惘，鼓勵你踏出舒適圈，找到屬於自己的成長節奏。如果你也曾對生活感到困惑，或是渴望有所改變，Henry 的這本書會給你力量，幫你看見自己的潛力。

　　讀完這本書，我希望你能相信：每一個小小的堅持，終將匯聚成改變的力量。願你也能從這本書中找到屬於自己的「關鍵行動」，在平凡的日子裡，走向不凡的自己。

　　讓我們一起，成為更好的自己，更好的我們！

29 歲自律一整年，
我成功多存了 250 萬！

✈ 上班族為什麼該開始斜槓？

哈囉你好，我是亨利溫，很感謝你願意花錢購入這本書，並真正翻開來閱讀。

正式替這本書做開頭之前，我想先用大約 1 分鐘的時間，讓你了解我的背景，以此證明為何我有資格與經驗，寫下這本書的內容，並能真正幫助你實踐「**斜槓致富**」。

在我開始撰寫此書的當下（2024 年初），我是一位軟體業的內容與策略發展經理，負責公司品牌的內容行銷、IP 經營、新事業發展，替品牌創造名氣與營收的雙成長。

同時，我也利用下班時間，斜槓經營自媒體超過 5 年，在 Instagram 上分享超過 500 篇知識貼文，累積超過 9 萬粉絲，並曾受邀至台大、政大、清大等 20+ 國內大專院校、教育部青年局、Google、商周、foodpanda 等企業演講，負責內容行銷、自媒體經營、斜槓職能、高效習慣等相關課程。

而我也在 2023 年的回顧文：〈29 歲自律一整年，我成功多存了 250 萬〉中提到，透過 2023 一整年的自律和斜槓，我在保有全職工作之餘，也額外完成了這些輸出：

自律斜槓一年，我完成這些內容&產品的輸出

IG 貼文	IG 限動	IG 諮詢	部落格
114 篇	350+ 篇	25 位	24 篇
線上課	5 萬字	讀書會	演講
製作 2 堂	簡報 1 份	10 場	30 場

貼文連結：https://www.instagram.com/p/C1Ll0LgPNzH

從 2019 年開始利用自媒體斜槓，一直到 2024 年，回首過去 5 年，我走過迷惘、挫折和失落，但更多的是享受到，將「斜槓精神」應用在工作和生活中，所帶來的成效，幫助我在個人能力、收入、人際關係、感情上，都獲得非常驚人的成長。

這樣的成長，讓我成為對自己更有自信，對未來更有規劃，對人生更有行動力的人，我希望透過這本書，將這樣的力量也傳遞給你，讓你不管是學生、自由工作者、還是上班族，都可以懂得**如何更有效地運用你的時間、經驗、技能和興趣，發展出自己的斜槓事業，打通低風險、高成長性的致富之路。**

所以，回到開頭的問句：上班族為什麼該開始斜槓？我認為有 3 個最重要面向的考量。

✈ 考量 1：收入的增長

根據人力銀行 2023 年最新調查，隨著物價攀升，當企業加薪幅度普遍低於物價通膨指數時，有近 90％的上班族覺得薪水不夠用，還有 49％是月光族。據統計，全台潛在的「薪貧族」更是高達 821 萬人，上班族想幫自己加薪的欲望，來到近年新高。

這股趨勢下，斜槓與經營副業的風氣越來越流行，我自己也在正職升遷＋斜槓副業中，讓月收入從 3 萬來到 20 萬以上，而這個成果，斜槓收入可說是功不可沒。

我 2017 年出社會的第一份工作，是在傳產做行銷專員，起薪不高，只有 3 萬，後續隨著我唸了碩士，加上技巧和經驗的增加，正職薪水有逐步上升，不過即使如此，收入增長的幅度，也遠不及我在 2019 年開始斜槓，並在投入 4 年經營後的開花結果，詳情可見下頁圖表。

可以看到，正職收入比較是隨著年資，呈現線性成長，而斜槓收入則屬於厚積薄發，在累積一個程度的創作與聲量後，在近 2 年迎來高幅度的成長。

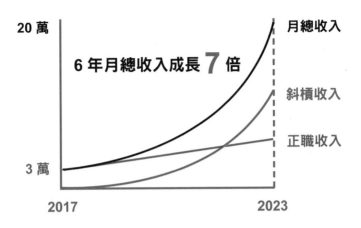

6 年月總收入成長 **7** 倍

20 萬 — 月總收入

斜槓收入

正職收入

3 萬

2017　　　　　2023

✈ 考量 2：能力的提升

斜槓的形式有非常多種，也能鍛鍊到很多，我們在既有工作上無法鍛鍊到的能力。

以我自身舉例，我以「Instagram 自媒體經營」作為斜槓主軸，能鍛鍊到這些能力：

● **軟實力：時間管理、專案管理、目標設定、壓力管理、情緒管理、溝通技巧。**

● **硬實力：內容行銷、品牌經營、文案撰寫、圖文設計、影音剪輯、商業策略、粉絲運營。**

這些軟實力幫助我在下班後，能穩定、自律、正面地去創

作社群內容，並平衡好正職與斜槓工作帶來的壓力，保持身心平衡和健康。而如果沒有這些硬實力，是沒有辦法經營出有專業度又有人氣的自媒體，同時有妥善的商業策略，也才能確保我順利把知名度與影響力，轉化為收入。

這些軟硬實力，有的是我過去讀碩士 MBA 時學習的，有的是我上班後會應用到的，更多的則是在斜槓經營自媒體的過程中，進行學習、實踐、優化，再精進鍛鍊出來的。

這樣分析下來，你或許已經發現了，透過下班後的斜槓，提供給我們一個實戰的舞台，去學習與鍛鍊你的能力，不論是拍短影片、寫文章、接案、顧問諮詢，還是實際開一個網路商店，或是出去開車跑外送，都可以鍛鍊到不同層面的軟實力和硬實力，而這些能力與經驗上的增長，將能幫助你**在未來的職涯發展中，擁有更多元的選擇機會與競爭力。**

◢ 考量 3：選擇的自由

常聽到身邊沒有在斜槓，只有單一收入來源的朋友，會抱怨著工作不順心，總是嚷嚷著想離職，但認真詢問他們什麼時候要行動時，卻又會聽到他們說：怕找不到適合的工作、要是中間沒收入怎麼辦等擔憂，導致這些朋友只能繼續在現有的崗位上忍氣吞聲，而無法順心離開。

從我的經驗來看，持續將斜槓精神應用在工作和生活中，讓我獲得了前面提到的，收入與能力的增長，這事給予了我

「**選擇職涯與人生的權利**」。憑藉著比同齡人更豐富、多元的經歷，讓我能處理更複雜、高價值的專案，這成為我和老闆交涉，爭取自己想要工作內容的籌碼，也增加了我自身的獨特性與貢獻值。

換句話說，無論是繼續在現有的工作中，打造適合自己的工作舞台，還是想轉換舞台，另謀他處，我短時間內都不用因為單一收入與單一能力的限制，而失去選擇的自由，而是能更大膽、不綁手綁腳、放開思緒，去架構自己想要的職涯。

神奇的是，因為我的大膽、不綁手綁腳、放開思緒，這讓我在工作上，往往能更不受限地跳脫框架，積極提出不同於常人的觀點和做法，因此又再強化了我在職場上的獨特性與貢獻，讓我被主管信任，賦予做新專案的機會，打造走順職涯路的正向循環。

看完了這些好處，我猜你接著會想，咦？天下怎麼會有這麼好的事情，難道斜槓都只有優點，沒有缺點嗎？

事實上，正如你可能在其他地方聽說的，**斜槓背後的代價，是高工時、高壓力、犧牲娛樂與睡眠時間、正職斜槓瑣事兩頭燒……**，沒錯，天底下沒有白吃的午餐，能夠享有比別人更多的收入、更強的能力、更自由的選擇，是需要充足的時間與精力澆灌後，才能長出的成果。

不過請別擔心，之所以寫下這本書：《自媒體斜槓一年，我多存了 250 萬！》，就是為了幫助你，無論是從 0 開始斜槓，

還是在現有的斜槓路上越走越順，我會把我的經驗與知識，化為 5 大不同面向的章節，並延伸出 25 個執行技巧，讓你從思維到能力，從工作到生活，都能掌握更高效、高品質的斜槓祕訣，讓你過上更充實、快樂的生活。

當然，如果你現在還是學生，或是已經成為自由工作者，本書中的技巧也同樣能夠幫助你。所以，如果你準備好了，請深呼吸一口氣，然後翻開下一頁，讓我們開始斜槓致富的旅程吧！

第 *1* 章

開始斜槓前
必須建立的心態

01 只為「增加收入」而斜槓，是撐不久的

每當我在演講、諮詢時，詢問我的學員：「你想開始斜槓的理由是什麼？」幾乎有 9 成的人會不假思索地回答：「因為想要增加收入」。

的確，我在前言提過，對我而言斜槓的 3 大好處分別是：收入的增長、能力的提升，以及選擇的自由。

然而，根據我觀察這些學員後續的發展，以及檢視我自身的經驗後，我發現，**「一心一意只為賺錢」而開始斜槓的人，很多時候是撐不久的**。

主要原因是，任何形式的斜槓，都需要經歷一段事業的發展期，而這個發展期本身，有很高的機率是會充滿挫折與挑戰的。舉例來說，如果你選擇以經營自媒體為斜槓事業，那麼一定會有初期發文乏人問津、沒有流量的時候；如果你選擇以接案發展斜槓，前期一定會遇到作品集不完善、缺乏知名度等理由，導致接不到案子的時候。

試著想想看，當你結束白天的工作後，回到家拖著疲累的身軀開始斜槓，好不容易完成了一點事情，卻沒有獲得理想的結果，真的會相當懷疑人生。

這時候，你腦中可能就會出現一個聲音：「反正我白天已經有好好上班賺錢了，好像也不用這麼辛苦，再去靠斜槓賺第二份收入，畢竟現在的生活也還算可以，雖然買不起房子，但也不至於餓死，所以明天還是先休息一下，去跟朋友吃飯唱歌吧！」

而很常出現的情境是，這個「休息一下」，可能就是一個月，甚至是半年、一年，等到你因為某個事件或是頓悟，想要再重啟斜槓計畫時，消逝的時間是不會再回來的。

斜槓的真正意義是什麼？

因此，我都會非常建議我的學員，以及正在閱讀此書的你，在開始斜槓之前，先嘗試用更宏觀的視野，去看待斜槓這件事情：**斜槓真正的意義與價值，不僅在於金錢收入的增加，更在於個人能力的提升、自我實現的機會，以及獲得更多選擇的自由。**舉例來說：

❶ 能力的提升：斜槓讓你有機會涉足不同領域，培養多樣化的技能。例如，你可能白天是英文補習班老師，但斜槓成為了內容創作者，這讓你在下班之餘，開始學習寫作、拍攝短影片、剪輯等技能，這些技能不僅能增強你的競爭力，讓你有機會透過自媒體吸引新的學生，還能讓你在主業中有其他表現的機會。

❷ **自我實現的機會**：透過斜槓，你可以追求自己真正熱愛的事情。很多人可能在正職工作中找不到成就感或滿足感，例如有自己繪畫風格的設計，因為業主要求，只能畫著中規中矩的畫風。但當你展開斜槓事業，能依照自己的熱情與風格提供服務時，這不僅讓生活變得更加充實，也能給予你更強的動力，去面對生活中的挑戰。

❸ **選擇的自由**：隨著斜槓事業的發展，你會逐漸發現自己有更多選擇權。你可以選擇是否要繼續現有的正職工作，或者轉型為全職斜槓族，不太需要擔心斷了收入，只能屈就於現況。這種自由，讓你在面對職場變動或經濟壓力，甚至是不平等的待遇時，能夠更有底氣和自信，做出自己想要的選擇。

全面理解斜槓的意義與價值後，你會發現，雖然這幾個面向，背後都還是與「獲得錢」有關，但你斜槓的目標與著眼點，已經不僅僅是單純的為了「收入」了，而是為了自我成長、為了自我實現，為了最重要的，選擇想要人生的自由。

打開視野，提升看待事情的格局，能讓你在面對挑戰和挫折時，更加堅定自己的選擇。當你明白斜槓不僅僅是為了賺錢，而是為了提升自己、實現夢想和擁有更多的自由後，你就會有更多動力去克服斜槓路上的困難，最終實現真正的成功。

小練習

試著思考看看，開始斜槓一個事業，不管是經營自媒體還是接案，除了錢，這些行為還能為你的人生，帶來哪些正面的幫助呢？

02 跨出斜槓第一步，為什麼這麼難？

「亨利溫老師，請問你在斜槓過程中，都不會擔心自己失敗，會很丟臉嗎？」

有一次結束在青年職涯發展中心的演講後，一位學員走到講台前，低著頭小小聲地問我。

「為什麼妳會好奇這個問題呢？」我笑著回問她。

「因為我也想在下班後開始做些什麼，可是上網查了很多資料後，卻遲遲不敢開始，怕沒辦法做出好成績，也怕身旁的親友知道後會笑我。」

✈ 抗拒失敗，是大腦啟動了自我防衛機制

無論你正在斜槓的路上，還是正猶豫著要不要開始，你是否也曾有類似這樣的恐懼與疑慮呢？

其實會有這些反應，都是正常的，因為這是我們大腦的自我保護機制在發揮作用。

通常人們傾向於保持現狀，避免冒險，是因為未知的領域充滿了不確定性和潛在的危險，而不去行動就不會受傷，不會

有損失，這種認知現象在心理學中被稱為「**現狀偏誤**」（Status Quo Bias）。

而這些對未知的恐懼和疑慮，通常又可以細分為 3 個方面的理由：

❶ **損失趨避**：研究顯示，人類對於損失的敏感度遠高於對於獲得的敏感度，這被稱為損失趨避，又稱「損失厭惡」（Loss Aversion）。

更直白的說，人們在面臨損失時的痛苦，遠大於獲得相同利益時的快樂，因此當我們預期到，一個困難的任務在達成前，極有可能需要承擔失敗與丟臉，或是去做這件事情，可能會害我們損失價值更高的事物時，這個負面情緒會影響我們的心智，忽視了行動可能帶來的正面效益，並讓我們產生退卻。

❷ **缺乏自信**：當我們因為陌生、不熟悉、或是缺乏經驗，導致對自己的能力缺乏信心時，往往會猶豫不決，不敢去嘗試新事物；另外，我們也容易因為無法判定，未來會出現多少關卡需要克服，在這種看似離成功遙遙無期的壓力下，擔心自己做不到、堅持不久，所以害怕開始踏出第一步。

❸ **機會成本**：機會成本是經濟學中的一個概念，指在做出一個選擇時，因為要投入相應的時間、資金、精力，而需要放棄本來可以將這些資源，用於其他選項所獲得的潛在收益。

舉例來說，當我們在正職忙碌了一天，回到家中離睡前還有 2 小時的情況下，如果我拿來開始啟動斜槓事業，就不能拿這 2 小時去看劇放鬆，或是跟朋友出門吃喝玩樂了。

根據行為經濟學的研究，機會成本常讓人們陷入一種叫做「決策癱瘓」（Decision Paralysis）的狀態，因為我們總是害怕選擇一個方向後，會失去其他可能更有價值的選項，或是在自己選擇的方向上浪費了重要的資源，這種心理會讓我們過度分析，最終導致行動上的拖延與遲疑。

為什麼我需要做出這些分析，並引用一些專業術語，讓你了解恐懼與疑慮的來源呢？

因為我相信，面對任何事情，解決的第一步，都是先理解原因。

只有透徹理解原因，我們才能夠透過觀念、技巧的培養，逐一克服問題。因此在接下來的章節中，我會具體和你分享，我在發展斜槓事業的過程中，是如何克服這些心理障礙，幫助你勇敢地踏上斜槓致富的旅程。

小練習

請試著思考，現在或是曾經，阻礙你斜槓的恐懼與疑慮有哪些呢？雖然每個人的原因可能都不相同，但再仔細往下分析，這些原因最底層的理由，是不是和我提出的 3 個面向一致呢？

03 做對 3 件事，有效克服恐懼與疑慮

在理解了阻礙我們開始斜槓，那些縈繞心頭的負面情緒是怎麼出現的之後，接下來我想和你分享，我怎麼克服這些內心的恐懼與疑慮。

✈ 1. 拆解成一個個小目標，就能降低難度

將一個困難的大目標，拆解成一系列的小目標，就可以降低做每件事情的難度，逐步建立自信，因為**每達成一個小目標，都能產生一次自我肯定**，長久下來，我們不僅會看到事情就像拼拼圖一樣，被逐步完成，我們也會越做越順手，逐漸克服「自己做不到」的恐懼。

舉例來說，在寫這本書之前，我認為成為作家是一件非常困難的事情，畢竟要出版一本著作，感覺得投入好多時間去撰寫文章，還要費不少工才能把一本書製作出來！

全貌性的去看待「出書」這件事，讓我因其困難而退卻、緊張自己做不好也做不到，這些負面想法，成為我逃避正視這件事情的壓力。

後來我轉換了方式，我將出書拆解成 10 大步驟，例如：與出版社接洽、觀察其他的書尋找靈感、整理過往的文章精煉內容……等，每個大步驟又再拆出很多個關鍵小步驟，例如：「每天花 30 分鐘，整理過往寫過的 500 篇文章，預計花費一個月梳理完成」，這樣的做事方式，讓我能把精力聚焦在每天我能做好，也能做到的事情上，逐步推進困難的斜槓任務。

這樣的處事邏輯，也被我應用在我的多元斜槓任務上，包含持續更新高含金量價值的社群貼文、準備企業內訓與演講、利用下班時間錄製長達 6.5 小時的線上課程等等。

關於更多這方面的技巧，我會在此書的第四章節：「專案管理 5 步驟，打造斜槓成功方程式」以及第五章節「從 0 打造高效斜槓生活」做更多分享。

2. 運用同儕力量互相鼓勵，強化行動力

我曾在書上看到這樣一個故事：有一群科學家，針對蚱蜢的跳高程度做實驗。第一次拍擊桌子的時候，蚱蜢受到刺激可跳起約自己身高 100 倍的高度，隨後科學家在蚱蜢上方放了一個透明的壓克力板，再同樣拍打桌面。

這一次蚱蜢仍高高躍起，但受限於壓克力板的關係，只跳了自己身高 50 倍的高度。接著，科學家不斷重複這個舉動，最後非常極端的，將壓克力板懸在蚱蜢背方，不讓牠跳起來。實驗的結尾，科學家拿開了壓克力板，但無論他們再怎麼拍擊

桌了，蚱蜢只在桌上爬，不再跳起來了。

後來我在另一本書上，意外看到了後續：如何讓跳蚤重新恢復彈跳能力？

答案是：在原本的玻璃杯裡，放上一隻新的跳蚤，看到夥伴跳這麼高，舊的那隻跳蚤也會重新燃起行動力。

雖然我沒有去深究這個實驗的真偽，但這段故事的結局與啟發，非常觸動我，我非常能夠贊同與理解，**同伴的力量真的能幫助我們激發潛能，更加勇敢與堅毅地展開行動！**

當我因為自媒體經營上的困難，感到苦惱與猶豫不決時，和有相同經歷的朋友聊聊，從他們身上汲取經驗與鼓勵，甚至是一起組成寫作、讀書聚會，能幫助我產生更多行動力去完成斜槓任務。

這不僅僅是因為，我能藉由與他人的交流，獲得自身視角之外的觀點，可以幫助我更了解自身的特色，以及該如何表現得更好；也包含了，我所面臨的痛苦與不安，能夠被有相似經驗的人同理、安慰，我能學到他們是如何克服問題的，並產生：「他們都成功做到了，我也必須加油才行」的自我激勵，進而獲得更多努力斜槓的動力。

關於這方面的故事與案例，我會在此書的第三章節「品牌力就是變現力！4 步驟強化個人影響力」以及第四章節：「專案管理 5 步驟，打造斜槓成功方程式」和你做更多分享。

3. 放寬視野、持續積累，重新定義斜槓的失與得

　　這個技巧，其實回扣到我在第一小節的觀點：「嘗試用更宏觀的視野，去看待斜槓這件事：斜槓真正的意義與價值，不僅在於金錢收入的增加，更在於個人能力的提升、自我實現的機會，以及獲得更多選擇的自由。」

　　以我的自身經驗來說，我在 2019 年開始在 Instagram 上經營個人品牌，那時因為還沒有太完整的自媒體經驗與技巧，所以即使我花了一年時間，用心投入 300 個小時寫了 100 篇貼文，我的粉絲數仍停留在少少的 1,000 多人，依靠社群媒體帶來的收入也是：0。

　　從旁人的角度來看，這無疑是很失敗的成果呀！但當時的我認為，至少這段時間，我很用心地看書學習、整理知識、製作圖文分享、鍛鍊寫作與思考表達的能力，所以從世俗的讚數、粉絲數、獲利等指標來說，或許這一年的結果並不讓人滿意，但這些成長的經歷，很實際的刻印在我的靈魂之中，讓我獲得思維與技術的成長。

　　也因為我看見了這些**潛藏在「表象失敗」中的獲得**，讓我確認並相信，持續投入正職之外的時間，運用自媒體發展斜槓事業，是一條很棒的路，即使沒辦法獲得立即性的收益，但人總是會進步的呀！

　　只要我持續穩紮穩打的學習、輸出、調整策略、繼續執行，

那麼我所累積的技能與經驗，以及透過經營自媒體所打造出的「個人品牌」，一定能幫助我在其他領域，獲得新的機緣。

所以，當我們能用宏觀的視野來看待斜槓時，對於即將出現的挑戰，都可以視為是鍛鍊自己成長、累積動人故事的機會，從此**任何行動都沒有「失敗」，不是「得到」就是「學到」。**

總結來說，想要克服開始斜槓的恐懼與疑慮，我們可以運用「拆解小目標，逐步實現」的方式，跨出勇敢的第一步，走出舒適圈；在遇到障礙時，「運用同儕力量，彼此鼓勵前進」是幫助我們尋找新靈感、療癒身心再出發的好方法；而「放寬視野，重新定義斜槓的失與得」能讓我們持續保有行動的勇氣，以及積極正面的思考態度。

相信我，成功的斜槓之路不會一帆風順，但只要願意開始並堅持不懈，最終你一定能夠實現心中的目標。

 小練習

請把你在第二小節的小練習中，所寫下的恐懼與疑慮，使用這個小節所分享的 3 個技巧，去嘗試解決，並感受看看事情是不是開始有所轉變，不再像你原本想像的這麼難以執行呢？

04 4方法教你，在正職與斜槓中找到平衡

許多目前是全職上班族的粉絲，曾私下跟我詢問：如何在不影響正職工作的前提下，有效管理斜槓事業，並且避免因斜槓而引起公司的不滿呢？

在回答這個問題之前，先說明一下我的經歷。

我維持「斜槓上班族」的身分已經近4年了，期間轉換了一次工作。在第一份工作中，擔任內容與策略發展經理，就職2年多的期間，獲得了共20％的調薪，隨後以年薪2倍漲幅的待遇，被邀請到外商公司工作，擔任品牌活動運營經理，也是我現在的正職。

整理上述的經歷，是想和你說明：

1. 當我們使用正確的方式發展斜槓事業，不僅不會影響正職工作的表現，反而能讓你在正職越做越好，獲得可觀的調薪幅度，甚至是獲得高薪轉職的機會。

2. 在此處我提供的建議，是基於上述這近4年時間所累積的觀點與技巧，然而每一個企業的文化、規範都有所不同，因此我會建議，你可以依據自身的具體情況進行調整和應用。

以下是我在正職與斜槓中找到平衡的方法，共分4大面向：

✈ 面向 1：設定明確的身分邊界

在進行斜槓工作時，設置明確的時間和空間邊界，**避免將斜槓工作帶入正職工作的時間和空間**。例如，只在家中或是咖啡廳進行斜槓工作，而不在辦公室內處理斜槓事務。這樣的做法，可以避免你在處理外務時，被有心同事看見、說閒話，也能讓你有效避免時間與精力上的衝突，影響到正職工作效率。

✈ 面向 2：選擇能為正職表現加分的斜槓事業

我在發展斜槓事業時會去思考：**我現在做這件事，除了賺取收入之外，有沒有哪些能力與經驗，是對我正職工作有幫助的？**

例如，「跑外送賺錢」與「寫文章經營自媒體」這兩個選項，對我來說，經營自媒體所鍛鍊的文案撰寫能力、內容行銷能力、粉絲經營能力，都是我可以應用在正職工作上的能力；而跑外送賺錢，純粹獲得的就是收入，相關的經歷並無法為我的正職帶來加分。

雖然短期來說，要靠自媒體賺到錢並不容易，但當我抱持著：做這件事能同時幫助到斜槓事業發展與正職表現時，我就會覺得投入的時間相當划算，一舉兩得！這樣的心態，也更能幫助我們去克服斜槓時的辛苦與困難。

✈ 面向 3：與上司和同事保持良好的溝通

我認為，開誠布公的溝通，是避免因斜槓事業引起公司不滿的關鍵。以我來說，因為我在進公司之前，就將我的自媒體經營視為作品集，來跟面試我的老闆交流，所以在老闆與同事本來就知道我在斜槓的前提下，我會不斷將我在斜槓過程中累積的經驗、技能、人脈，貢獻在工作上，並不斷溝通讓他們知道：我的斜槓能為正職表現加分，而不是扣分。

甚至有趣的是，公司曾經有幾個承接的案件，因為找不到適合的合作夥伴，所以還另外發案給我，請我協助，讓我正正當當賺到了正職薪水之外的收入，這也歸功於平時我有向他們展現我的能力與價值，才有這樣的斜槓收入機會。

不過這邊要提醒的是，不是每一家企業的文化，都能接受這樣的員工，因此我建議，如果你沒有想把自己的斜槓經歷，視為「明面上」求職時的籌碼，例如寫在履歷表上或是主動提及等，那進入公司後，你可以先旁敲側擊與同事打聽，公司對斜槓的接受態度為何，再去評估主動揭露的好處與風險，進而調整你的溝通策略。

✈ 面向 4：制定明確的時間管理計畫

要想平衡正職和斜槓事業，**時間管理至關重要**。我非常習慣使用 Google Calendar 提早預排我的斜槓任務，藉此計畫我

需要在一週的哪幾天提早起床，先處理重要的工作後再去上班；又或者是確定哪幾天的晚上絕對不能排活動，需要早早回家完成任務。

以撰寫這本書的歷程做舉例，我是從 2024 年初開始執筆，由於我的斜槓任務非常多元，包含了日常社群貼文的更新、商業合作的討論與執行，以及大量的線上、線下演講，所以我下班、週末的時間，通常都被這些任務給佔滿。

為了在正職工作與斜槓任務的空隙中，找出能夠「專心寫書」的時間，我含淚將本來的早起習慣：「閱讀」先拿掉，轉而空出時間給寫書，隨後慢慢的，以每天至少 1 小時，每次目標 500 ～ 1,500 字的進度，持續在早起的清晨時光中，逐字逐句完成這本書的初稿。

要是沒有明確空出時間給重要任務，我想，我可能也會沉淪在工作旋渦之中，而始終無法將「出書」這麼一個工程浩大，對我而言也相當重要的斜槓專案完成吧！

關於時間管理的更多技巧，我也會在第五章節「從 0 打造高效斜槓生活」和你做更多分享。

小練習

請思考看看，目前你正在進行中，或是想開始的斜槓事業，能不能從中得到一些經驗、能力，是有利於你正職的發展呢？

05 明明能靠自媒體生活，為何還要上班？

我曾在我的社群媒體發表過一篇文章，標題是：「明明可以靠經營自媒體生活，為何還要回公司上班？」這篇文章獲得了 5,400 多個讚，以及上百則留言的迴響。

在這篇文章中，我提出的觀點是，多數人渴望透過斜槓事業，發展出新的收入來源，就可以離開現職，成為自由的個人，然而**成為自由業，難的不是一時的自由，而是能自由多久。**

作為有在經營自媒體的創作者、講師、顧問，當我選擇這些斜槓方向時，能否做出比其他人更好的成績，仰賴的就是大量的人生經驗，以及參與不同工作後所獲得的成長養分，因此為了讓我 5 年後、10 年後，能在這些身分上表現得更加專業，我選擇繼續留在職場，白天為企業工作，晚上為自己工作，透過正職與斜槓身分的相輔相成，讓我能快速成長進步。

對我來說，這個身分交替的過程，很像是在運動鍛鍊身體：經營自媒體是有氧，需要保持穩定的頻率，再輔以一些創意，去持續創作好內容，而這個持續、不間斷的過程，就像是在跑步、爬山，能鍛鍊到全身性的肌耐力以及身體的協調性；

而在公司工作是重訓，我有屬於自己崗位的挑戰，除了做好眼前的事情，也需要不斷學習、專精技能，以應付更困難的專案，這個不斷鍛鍊、突破的過程，就像是舉著啞鈴、拉著划船機，針對身體的不同部位做強化。

有氧與重訓的結合，可以讓體態更健美，運動表現更好；同樣的，**正職與斜槓事業兼顧，雖然確實在時間的安排、精力的管理上有挑戰，但也可以讓我比同齡人有更豐富的經驗、更迅速的成長、更紮實的能力**，這些都是我的價值，也是我能賺取豐厚報酬，實踐致富的重要根本。

◢ 正職斜槓相輔相成，創造職涯自由

上述提到的那篇文章，是我在 2022 年底所寫的，而在 2 年後的現在，我依然如此深信並落實這樣的生活：白天為企業工作，晚上為自己工作，透過正職與斜槓身分間的相輔相成，讓我快速成長進步。

有意思的是，這 2 年間，除了正職被加薪，斜槓事業茁壯，更重要的是，也發生了在上個小節提到的：「我獲得了年薪 2 倍漲幅的待遇，被邀請到外商公司工作，擔任品牌活動運營經理」，這個變化源自於，對方看中我曾在品牌端做運營與專案管理的經歷，以及經營自媒體時，累積大量內容行銷、演講與培訓的能力，所以提供給我一個，能讓我發揮既有能力，也符合自身興趣的職位，促成了這次的轉職。

你有發現嗎？斜槓為我帶來的幫助，不僅僅是收入增加，更因為能力的成長，讓我擁有選擇職涯，甚至是「**創造職涯**」**的自由**。我可以隨時轉型為全職斜槓族，也可以待價而沽，去為我有興趣，能獲得更多成就感的職位工作，而且薪水還更高。這種自由，能讓我們在面對職場變動或經濟壓力，甚至是不平等的待遇時，能夠更有底氣和自信做出自己想要的選擇。

　　我們不會知道未來的世界將怎麼變化，工作的型態與機會，也會隨著科技進步逐年改變，如果不想失去選擇權，被迫做著不喜歡的工作，或是擔心自己隨時會被 AI 取代，那麼唯有讓自己持續累積多元的經驗，才可以在面對波動時，有更多選擇的彈性，並藉由不同技能、經驗的交織組合，創造出獨特價值，**提升自己的不可取代性**。

📝 小練習

請思考看看，你喜歡目前自己的正職工作嗎？如果不喜歡的話，阻礙你離職，去找下一份工作的原因或考量會是什麼呢？

第 *2* 章

斜槓變現的
底層邏輯

06 斜槓，是一種願意為人生負責的態度

　　在下定決心開始投入斜槓事業，為自己的人生拼一把之後，你可能面臨的下一個問題是：「我該做什麼事情，才算是斜槓呢？」

　　事實上，雖然「斜槓」一詞的定義眾說紛紜，但我一直相信，也很常在貼文、講座中跟學員鼓勵的定義是，不論你是選擇打工兼差，還是為了獲取新身分去進修學習，只要你**在主業外，投入額外的時間和精力去「做些什麼」，都可以算是斜槓**。

　　因為斜槓的「定義」根本不重要，**重要的是，你在願意嘗試與積極行動的過程中，所累積的經驗、獲得的成長，以及賺到的收入**，這些來自於你主業之外的收穫，才是我們該重視的。

◢ 斜槓不是不務正業，而是拓展更多可能的方式

　　說到這邊，我想跟你分享一個小故事：

　　有一次，在結束一場職涯發展主題的演講後，一位大學剛

畢業的年輕女生走上台問我：「亨利老師，我想請問你，工廠內的前輩，在聽到我想開始斜槓經營自媒體後，都表示很不屑，還說年輕人好好工作就好，不要花時間用些不三不四的東西，我聽了覺得有點難過，想問問老師怎麼看待這件事情。」

聽到這個問題，我先誇獎了她很勇敢，願意開始嘗試一些新事物，也願意親口跟我分享遇到的困難，接著我對她說：

「你的前輩們可能是出於好意，提醒你應該專注於眼前的工作，不要在其他事情上分心。然而我認為，**利用自己下班的時間，去斜槓經營自媒體，並不是不務正業，而是拓展自己、提升自己的一種好方式**，也許你會在這個過程中，挖掘到你真正的興趣，又或者是學會、精進了某些技能，幫助你在未來的職場上更有競爭力。」

接著，我還補充說道：「也許你的前輩們，已經習慣上班專心工作，下班娛樂放鬆的生活。然而，還是年輕人的我們，正努力在職場中力爭上游，必須拼命去做一些提升自己、證明自己的事情。在這個過程中，你會遇到各種挑戰和質疑的聲音，但只要相信自己的選擇，堅持下去，就一定能看到收穫，**千萬不要因為別人的看法就輕易放棄你的目標**，因為他們終究只能說說閒話，只有你才能決定，你的人生想要有什麼樣的變化。」

這位年輕女生聽完後，眼睛閃爍著光芒跟我說，她知道了，她會繼續加油的！然後請她的朋友幫我們合照一張，就道謝離去。

我相信，不管她日後是否持續經營自媒體，又或者是發展出其他的斜槓項目，至少當時這番話，一定能在她迷惘時，給她更多信心與勇氣。

總結來說，我認為斜槓的真正定義，不應該拘泥於某種固定的形式或標準，只要你在主業之外，願意積極行動，真正動手「做些什麼」，並且在過程中有獲得成長與回報，那麼你已經在實踐斜槓的理念，而你創造的經驗，拓展的能力與視野，不僅能讓你的人生更加充實，也能在職場上獲得更多的機會和回報。

當然，畢竟已經是投入主業外的時間去斜槓，在時間、精力都有限的情況下，如果能投入一份力氣，就獲得多倍的回報，那真的是太棒了！因此，**找到那個對你來說最有價值的斜槓選項，是在開始行動之前，很值得探究的部分。**

往下，我將進一步介紹，我所整理的「二大類斜槓收入模式」，讓你對於接下來可以朝哪個方向發展，能夠有比較完整且清晰的思考。

小練習

在了解斜槓的真正定義後，請想想看，你身邊目前有多少人正在斜槓呢？找時間約他聊聊，聽他分享一下心路歷程吧！

07 斜槓變現模式 1：販售時間或技術

　　10 年前，在我還是大學生的時候，我曾經到學校的餐廳打工，那個時候一小時的時薪是 200 元，我一天打工 3 次，每次 2 小時，總共可以賺到 1,200 元。

　　長大後，經歷了創業、自媒體經營、當講師幫企業做培訓，我現在其中一個斜槓收入來源是：擔任自媒體斜槓教練，時薪是一小時 5,000 元，以我一個月平均有 5 位客戶，每次教 2 小時來說，一個月可以賺到 50,000 元。

　　在這兩段經歷中，你有發現嗎？我獲取收入的方式，主要以提供我的「時間」與「技術」為主。當我還是學生階段，在餐廳打工只要保持熱情和活潑，幫忙點餐、收錢、遞便當，就可以完成工作。

　　因為工作中的技術含量不高，所以時薪只價值 200 元，若我想提高靠打工得到的收入，只能選擇投入更多時間，或換一個技術含量比較高，雇主願意花比較高時薪請我的工作，例如大學生常會選擇的家教，通常時薪介於 800 ～ 1,000 元。

　　時間拉回到現在，成為自媒體斜槓教練的我，擁有 5 年自媒體經營的經驗，並創造了近 10 萬粉絲追蹤，知識產品銷售

數百萬營業額的成績，這些經歷蘊含了高價值的技術，像是內容行銷、專案管理、商業運營……等，因此在投入精力，為我的客戶提供諮詢服務時，我的時薪價值，就遠比學生時期在餐廳打工還高，連帶讓我的總收入獲得提升。

除了上述我分享的打工與擔任教練的案例，其餘像是：開計程車、跑外送、接案、當講師，這些能夠明確計算投入了多少時間，並換回多少報酬的模式，都被我歸類在這一種斜槓收入中。**你的收入多寡，取決於你能投入的時間，以及你的技術含金量，技術含金量越高，單位時間價值就越高。**

◤ 注意 2 面向，做好自我管理

那麼，假如你也想透過「販售時間或技術」的模式，開啟斜槓副業，我會建議你在實行的過程中，要特別注意以下 2 個面向。

面向❶：控制好人身安全的風險

這個面向可以再細分成 2 種風險，一種是過勞導致健康損害，另一種是工作性質的高風險。

第 1 種風險：過勞導致健康損害的意思是說，由於我們能夠很清楚計算出，只要我投入的時間越多，就一定能賺到越多錢，例如：我花越多時間跑外送，隨著完成的訂單變多，收入一定就越高，因此拼一點的狀況下，可能連休息時間都不留，

把正職外的其餘時間全部投進斜槓工作，這種做法短期可以賺到很多錢，但長期可能會導致身體狀況失衡。

我的親表哥，在前年的過年時，因為急性腹痛被送進急診，原因是他一次身兼很多工作，白天開計程車，晚上兼職大夜班，長時間睡眠不足，加上用餐時間不固定，也沒有特別忌口，導致身體長出嚴重的結石，影響到身體機能的正常運作。好在手術過後，目前沒有大礙，穩定康復中。

親眼見證這個事件的發生，讓我更加意識到，為了理想認真工作、斜槓很棒，但保留足夠的時間睡眠和休息，才是成就長期事業發展的重要關鍵。

第 2 種風險：工作性質的高風險是指，有時候為了追求高時薪的回報，我們選擇的工作性質，得承擔較高的人身安全、法規合法性等風險，例如，高空作業、夜間物流配送、或是工地搬磚，這些工作雖然報酬豐厚，也合法合規，但一旦發生意外，對身體安全的影響可能會非常嚴重。

另外，有些接案性質的斜槓工作，還明顯涉及了違法，像是非法商品的代購，這些一旦被查獲都會造成個人名譽、財產的損失，並需要接受法律的制裁。

因此，在選擇斜槓工作時，我們必須綜合考量工作內容、風險程度，以及自身承受能力，避免因高回報的誘惑，而忽視長期的健康安全以及合法性等問題。

面向 2：要有意識的提升自己的單位時間價值

還記得我在大學生時期的經歷嗎？當時我在餐廳打工，時薪是 200 元，我一天打工 3 次，每次 2 小時，總共可以賺到 1,200 元。按照這個速度，如果我要賺到 50,000 元，需要打工 250 個小時，以每週 6 小時計算，一共要打工 42 週，差不多是 10 個月的時間。

現在我擔任自媒體斜槓教練，時薪是 5,000 元，以我一個月平均有 5 位客戶，每次教 2 小時來說，一個月就可以賺到 50,000 元。

這就是**提升單位時間價值**的好處，讓我們可以**用更少的時間，去賺到同等甚至更高的收益。**

當然，提升單位時間價值，也是需要付出不少時間去學習與進步的。以我經營自媒體這 5 年的時間來計算，我一共閱讀了超過 100 本書、寫了 500 多篇貼文、製作 50 多則短影片、完成 200 場以上的演講，算起來共投入超過 3,000 個小時在這個斜槓事業上。

雖然在初期因為知名度不夠高，這些投入沒辦法讓我獲得金錢，但隨著我的粉絲數變多、影響力變大、自身的能力變強，連帶讓我作為教練，提供專業服務的含金量變高，最終使我的單位時薪價值提高。

3 個方式，有效提升自己的單位時間價值

如果你也想有意識的提升自己的單位時間價值，可以從以下 3 點來規劃。

第❶點：加強你本身就擁有的專業能力

通常這是你目前正職所使用到的能力，例如 SEO 關鍵字引擎優化、文案撰寫、平面設計，如果能把這些能力鍛鍊得更專精，能解決更複雜的問題，做出更好的作品，那利用下班時間去接案，往往能獲得相當不錯的報酬。

第❷點：學習與你本身專業能力相輔相成的能力

以我的職涯為例，從社群小編升職到行銷經理，除了需要社群圖文製作能力之外，還需要額外擁有品牌運營思維、客戶關係管理、商務提案，甚至是團隊領導等能力。這些既是專業能力，也是與「社群圖文製作」相輔相成的能力，雖然不一定能幫助你去接案，但能夠讓你在現有的職位上創造更多價值，發揮更多影響力，除了可以獲得升遷加薪的機會，也是未來就業時，爭取更高薪酬的重要籌碼。

第❸點：從頭開始學習一項專業能力

2016 年我從台科大企管系畢業時，覺得自己好像什麼都會一點，但是什麼都不專精。因為實習表現良好的關係，雖然

馬上順利拿到社群小編的正職工作，但對自己仍然沒什麼自信，也完全想像不到，當時月薪 3.2 萬的我，未來有能力成為斜槓上班族，並擁有月入 20 萬的薪資水平。

改變這一切的關鍵，是從我下定決心，要從頭提升「文案寫作」能力開始。因為我發現，不論是在經營社群、擬定企劃、製作簡報，任何工作上的環節，都需要使用文字去梳理與表達想法，所以我利用下班時間，買了各式各樣文案技巧相關的書，以每月一本的速度慢慢閱讀，並特別記下某些技巧能在工作時使用，逐步提升我在寫作方面的能力，也奠定了後續經營自媒體、接案做社群行銷的重要基礎。

正視自身的不足，並願意為了提升自己而行動，是一種非常有勇氣的行為，也是能確實提升個人單位時薪價值，賺取更多收入的不二法門。

📝 **小練習**

請計算看看，你目前的每月總收入金額，除以你的每月總工時，得出的單位時薪報酬是多少呢？對於這個數字你滿意嗎？如果不滿意，你想怎麼提升自己的能力呢？

08 斜槓變現模式 2：販售商品獲利或抽佣

　　我從 2019 年 7 月經營自媒體至今，一共累積了超過 5 年的時間，在第 1 年的時候，粉絲數還不多，只有 1,000 多人，所以即使我用心投入 300 個小時，寫了 100 篇貼文，我的收入仍然是：0，因為當時沒有品牌願意付費，購買我的社群貼文版位做品牌曝光，我也沒有推出我的產品、服務做販售，發布出去的內容，自然無法轉化成收入。

　　現在的我，因為擁有 9 萬多名粉絲追蹤，能為品牌帶來高品質且高流量的曝光，品牌願意付費和我合作，我平均只要花 2 ～ 3 小時撰寫一篇社群貼文，就能帶來 2 ～ 3 萬台幣的收入，時薪換算下來高達 10,000 元，這個成績和第一年相比，可謂天差地遠。

　　那麼，這種收入模式，也算是前面我們提到的第一類「販售時間或技術」獲利嗎？

　　我認為算，也不算。

　　算的原因是，以今年自媒體流量趨近穩定的我來說，我可以明確預估接下一篇商案合作貼文所能帶來的報酬，以此評估我是否要去販售我的寫作時間和技術，來完成這個合作。

不算的原因在於，我能有這個條件，去販售寫作時間和技術，其實是建立在「自媒體影響力」的前提之下，而發展自媒體的過程，需要花費很長的時間，且充滿了未知與不確定性，無法設定出一個明確的時薪價值，去評估是否要持續做，這中間的煎熬，如果帶著：我投入幾小時就要賺到多少錢的心態去經營，很容易在前期就碰壁而中止行動。

換句話說，今天如果你看完了這本書，也興沖沖想「經營自媒體」當作收入來源，那就得先做好心理準備，這個斜槓事業不會像前面提到的「販售時間與技術」一樣，可以馬上獲得立即性的收入，它不像我們接案、跑外送、當家教，在投入一定時數的努力後，就能獲得一份確定性的報酬。

當然這也是有好處的，**雖然短期無法獲得立即性的報酬，但是隨著能力和年資的累積，你的影響力、專業能力會提升**，就可以在第一類斜槓收入模式中，獲得優渥的報酬，例如接案、當顧問等等。

往下，我會以第二類斜槓收入模式：「販售商品獲利或抽佣」為主題，說明更多關於經營自媒體，以及其他相似斜槓收入的方法與經營技巧。

6 個面向，了解獲利背後的商業邏輯

首先，「販售商品獲利或抽佣」能帶來多少斜槓收入的關鍵，在於「銷量 × 銷售利潤」。為了幫助你更好理解背後的

商業邏輯，我這邊用「開雞排店」來說明。

假設你今天開了一家雞排店，一片雞排賣 100 元，其中 70 元的部分是你的成本，包含對設備、店租、人力成本的費用攤提，以及每片雞排本身原肉的支出、營業稅等，算起來你賣一片雞排可以淨賺 30 元，淨利率是 30（淨利）／100（營收）＝ 30%。而因為你的店開在熱鬧的街道上，每個月可以賣出 1 萬片，這樣一個月的總淨利可以算出：1 萬 ×30 天＝ 30 萬。

如果你覺得這樣的利潤太少，想要提升獲利，可以從 6 個面向下手。

面向 ❶：提高你銷售商品的淨利比例，像是讓雞排的成本下降，可以從每賣一片賺 30 元變成賺 40 元，淨利率從 30%變成 40%，如果銷量維持 1 萬片，那麼總淨利就可從 30 萬上升成 40 萬。

面向 ❷：不去改動商品的利潤比例，但是想辦法提升銷量。例如透過自媒體經營，發布你製作雞排的過程，提升消費者的信任度，以及品牌的知名度，吸引其他地區的消費者聞香而來，帶動銷量提升。假設能多賣 1 萬片，這樣當月的淨利就從 30 萬上升成 60 萬。

面向 ❸：推出能與雞排互相搭配的商品，例如你獨家製作的蜂蜜汽水，一瓶賣 50 元，但成本只要 10 元，等於你的淨

利率高達 80％！推出汽水，能讓既有買雞排的客戶，可以在每次消費時，額外多付錢買飲料做搭配，又或者是反過來說，在炎炎夏日時，汽水更容易吸引消費者的目光，所以在販售飲料時，也有機會吸引消費者同時多買一份雞排。

面向 ❹：在運用你的店面銷售雞排與飲料的同時，也多放一桶隔壁老闆的豆花，幫忙他賣。你和隔壁老闆談，每賣出一碗 50 元的豆花，要分你 10 元的利潤，對方欣然同意。透過這種方式，只要有生意成交，你的當月總淨利就又能獲得提升。

面向 ❺：因為你的雞排店生意很好，有專門做手機行動充電站的商家，希望能擺放他們的機台在你的店面上，每月付你 1 萬元的放置＆品牌曝光費，你仔細想想，這完全不吃虧，你不但有機會吸引到，為了拿行動電源而進店的消費者，而且每天只要花 1～2 分鐘把機台擺出來，等於是 1 個月投入約 1小時在這件事情上，就可以幫你多賺 1 萬元。這種時薪高達 1萬元的合作，當然是要接受的！

面向 ❻：由於你是一個成功的雞排店老闆，開始有創業訪談節目，想付錢邀請你上節目分享；有身旁的朋友也想開店，想付錢找你做諮詢，甚至請你當顧問幫他帶團隊開店；這些事情雖然與「賣雞排」這個行為本身無關，但因為你「雞排

賣得好」，所以變成你新的曝光與收入機會。

在上述整個「開雞排店」的過程，你可能也發現了，在第1個到第4個面向的舉例中，我們無法像「第一類斜槓收入模式：販售時間或技術」一樣，去計算你投入了多少時間，就立即確定會賺回多少錢，而是考驗你在經營的過程中，能夠為你的店面帶來多少「銷量」，以及賣出雞排、飲料、豆花的「銷售利潤」為何。

而第5個和第6個面向的做法，已經算是開始**利用你的成功經歷，去槓桿出不同的賺錢機會**，這個部分因為你可以明確評估需要投入多少時間，並爭取對應的時薪報價，所以可以歸類在第一類斜槓收入沒錯，不過這些機會能出現，也是在你的「雞排店經營得好」的前提下。

看完經營雞排店的案例之後，往下，我以我的自媒體經營當作舉例。

✈ 流量 × 知名度，讓變現管道更多元

剛開始做自媒體時，我就是一個普通的社會新鮮人，在網路上沒有任何知名度。而在投入上千個小時，撰寫數百多篇文章，長期在社群上穩定、高品質地更新內容之後，我累積到了屬於我的流量與知名度，並發展出以下的變現方式：

❶ 自製商品：在我的 9 萬名粉絲中，大約有 2 ～ 3% 的用戶，會實際購買我推出的知識產品或講座，因此我能得出銷量約在 2,000 ～ 3,000 單位左右，而能帶來多少淨利，就可以實際去算我製作知識產品所投入的成本、淨利率，相乘之後得出利潤。

❷ 團購商品：這個概念就跟前述的，在雞排店幫隔壁老闆賣豆花一樣，藉由我社群平台的影響力，去計算我幫合作品牌賣出多少商品，抽佣獲利。

❸ 業配曝光：合作品牌看重我社群平台的影響力，所以付費和我合作，希望我能夠介紹他們的產品與服務，讓更多人知道。

❹ 其餘延伸的機會：隨著自媒體經營得有所成果，開始出現邀約訪談、產品代言、顧問諮詢、社群接案等不同的商業機會，為我創造更多種類的斜槓收入。

在了解「第二類斜槓收入模式：販售商品獲利或抽佣」的底層邏輯之後，你會發現，從開立實體店面做生意，到在網路上經營電商、分享社群內容做自媒體，這些斜槓方式能否成功增加收入，核心重點都是相似的，在於你能創造多少銷量，以及你銷售商品、服務的銷售利潤為何。

不僅如此，相較於「第一類斜槓收入模式：販售時間或技術」，第二類斜槓收入雖然初期較難立即獲利，但當你慢慢做出成果，能獲得的斜槓收入來源會更加多元，且相對沒有上限。

◢ 獲利前，你願意投入多少成本？

如果你對於發展第二類斜槓收入有興趣，有一個最重要的關鍵，我想先特別提醒你。那就是建立好事前思考：**在能穩定獲利之前，你願意投入多少資源？**

資源，又可以細分成：金錢資源與時間資源。

以經營自己的商店為例，不管是租一個實體店面，還是在電商平台上開設商城，都會有每月的成本支出，例如店租、人事成本、水電費與平台費，這些費用是指你在營運事業的過程中，一定會產生的開支，因此建議**不要貿然開始斜槓，最好先清楚估算可能的支出，並準備好至少 1 ～ 2 年的資金**，確保事業在初生成長階段、還不能穩定獲利之前，都有資源能夠支持運轉。

同樣地，時間資源的投入也不容忽視。假設你選擇寫文章經營部落格，或是和我一樣製作貼文、短影片，在 Instagram 或臉書上經營自媒體，這些投入或許不像開一家店一樣，需要大量資金的投入，但我們製作的每一篇內容素材，都需要時間的澆灌才得以成型；況且，想寫好文章、經營好自媒體，也需

要花不少時間來學習技能、觀察競品、研究市場需求。

如果在開始之前，我們沒有先檢視自己當下的工作與生活狀況，**有意識的為「經營社群」這件事空出時間**，那麼就很常在忙碌之餘，無暇顧及更新的品質和頻率，這對於自身專業度、信任感的建立，其實是非常扣分的，也會連帶影響，未來在推廣商品做銷售時的影響力。

總而言之，在開始發展第二類斜槓收入模式之前，我建議要先評估好自己手邊的資源，包括金錢、時間，這樣你才能夠制定出合理的規劃，並確保在穩定獲利之前，能夠保持穩定水平的投入，避免資源中斷。這種事前的思考和計畫，能夠幫助你在初期發展階段，更有方向感和安全感。

📝 小練習

請計算看看，你目前平均一週，能空出多少時間來發展一個新的斜槓事業呢？這邊建議以週為單位做思考，是因為平日和假日的時間空閒狀況會不太一樣，你可以參考我的方式計算：我一週平均工作日為 5 天，一天可以投入 4 小時在斜槓事業上，週末的話一天會抓 8 小時，另一天抓 2 小時，平均加起來的話就是一週有：（5×4）＋8＋2＝30 小時。

09 3 個思考點，找到最適合的斜槓方向

深入了解兩大類型的斜槓收入模式後，接下來我想和你分享，我們該如何評估，現在的自己適合選擇哪一種模式，並開始斜槓。

往下，我會建議你循序漸進地按照這 3 點去思考。

✈ 第 1 點：你的正職身分狀態穩定嗎？

雖然說這是一本教你如何有策略、高勝率斜槓的書，但事實上，**並非所有人都適合斜槓**。

以我的親身經驗為例：在 2019 ～ 2021 年期間，當時我正在台科大念碩士，因為有經營自媒體的緣故，所以收到了一些社群經營接案、活動講師等斜槓工作的邀約。

對我當時的正職身分「碩士生」來說，我應該是要在碩士論文進度穩定、碩士學分修課順利的前提下，再空出時間與精力，去發展我的斜槓事業，包含自媒體經營、接案、當講師，才是正確的順序。

但因為當時我太熱衷於經營自媒體，也因為我的碩士論文

主題與經營自媒體有關，所以我就又更「合情合理」的把時間花在發展斜槓事業上，一度讓論文進度大幅落後，甚至還產生：「今年還是先延畢吧！」的不妙念頭。

然而不幸也幸運的是，2021 年時疫情大爆發，我所有的線下講座、讀書會、活動全部被取消，也被迫得待在家裡，哪邊都不能去。這段時間雖然暫時沒有了斜槓收入，但好在我過去有穩定儲蓄的習慣，生活不會有太大的影響。此外，這個變故也讓我有足夠的時間，重新聚焦在碩士論文上，後續經過幾個月全神貫注努力，讓我順利完成書審＋口試，成功畢業。

這段經歷讓我深刻意識到，**雖然斜槓很棒，但務必得建立在「正職身分狀態穩定」的前提下**，因為假如你原本的工作做不好，又去分心斜槓的話，那很容易導致兩邊事情都無法妥當處理。

那麼，該如何判定，現在自己的正職身分狀態是否穩定呢？

不論你現在是上班族、學生、新手爸媽，都可以從這 3 個面向進行思考：

面向 ❶：正職熟悉度。目前正職身分的工作，你都拿手且能準時完成了嗎？如果還做不到，你現在應該聚焦在熟悉自己的正職工作上，而非斜槓。

面向 ❷：工作穩定性。目前正職身分所在的單位，是否

發展穩定，讓你不用擔心隨時會被裁員？如果環境相當不穩定，前景出現一些警訊，你更該花時間規劃下一段職涯的去處，而非分神去做斜槓任務。

面向 ❸：時間管理能力。 目前你是否能有效管理時間，在正職工作之外，仍有餘力投入到斜槓事業？如果你經常因為正職工作而感到緊張、焦慮、事情都做不完，讓你下班和假日時，還必須撥出心力處理工作，那麼你需要先改善時間管理，以及你處理正職任務的方式，才能確保有足夠的時間和精力去發展斜槓。

以上這 3 個面向，可以初步幫自己判定，是否有餘裕投入斜槓事業。如果你覺得狀態良好，都沒什麼問題，那麼就可以放心投入更多的資源和時間去斜槓；反之，如果在某些方面你感受到不穩定、不熟悉，那麼你需要謹慎考慮斜槓的模式和投入的程度，以避免對正職工作和生活的平衡，產生過大的影響。

第 2 點：你目前的經濟狀況，是否有迫切提升收入的需求？

這個評估是一個非常重要的關鍵。因為如果你的經濟狀況相對穩定，有足以應對生活緊急所需的存款，每月正職收入與

開銷也能取得平衡，那麼在沒有迫切的財務壓力之下，我會建議你，可以選擇第二種斜槓收入模式去做經營。

不管是開始投入時間，慢慢創作文章經營自媒體，還是投入一些啟動資金，開始經營網路賣場，由於這些斜槓事業，都需要穩定且持續澆灌，那麼我們要做的就是在不影響正職工作的情況下，投以耐心、用心去持續經營，讓這些事業體成長茁壯，使斜槓收入逐步提升。

再來，如果你的財務狀況正面臨一些挑戰，比如你下定決心剛從上一份工作裸辭，馬上要為下個月的收入來源努力，又或者最近剛買房、結婚，做了大筆金額的支出，希望短時間能迅速把存款水位抬升回來，那麼選擇第一類斜槓收入模式，透過接案、兼職，以及那些能夠明確依照你時間單位價值，換取報酬的斜槓工作，會更加適合一點。

我曾看過不少學員，用「急於獲利」的心態去經營社群媒體，每天認真發布了大量團購、業配、促銷的社群訊息，卻沒帶來半個銷售成交，為此感到心灰意冷。

事實上，並不是他們不夠認真，而是**順序**顛倒了。我認為**能夠依靠社群媒體獲利的前提，其實是我們透過長期提供有價值的資訊後，讓自己成為某個領域的專家、代表人物、影響力者，藉由累積起來的信任感，才會吸引粉絲購買你推出、宣傳的商品和服務，成功變現。**

這個過程就需要長期、穩定、耐心的投入與澆灌。

因此，在選擇斜槓的方式之前，我會建議你先進行**詳細的**

財務狀況評估，了解目前的收入、支出、債務情況，以及每月可支配的資金有多少，這樣才能更清楚，自己是否需要立即增加收入，以及有多少資源可以投入到斜槓事業中。

◢ 第 3 點：你的興趣和專長是什麼？

選擇一個符合自己興趣和專長的領域，延伸發展成斜槓事業，不僅可以提高工作的效率和成果，還能增加斜槓時的滿足感和持久力。

有一次，我結束在台中的演講，要搭計程車前往高鐵站返回台北時，遇到了一位非常熱情、健談的計程車司機。司機和我分享，他因為喜歡開車，所以通常白天正職工作下班後，他會吃個飯休息一下，然後晚上 9 點到凌晨 1 點出來斜槓開計程車，賺點外快，也當作另一種形式的舒壓和放鬆。

我聽了特別好奇，因為我是一個覺得開車非常累的人，要精神緊繃地盯著路況，所以就問司機，上完班再來開計程車，難道都不會累嗎？

他和我說，因為白天的工作是工程師，已經看膩了千篇一律的工廠和電路板，所以晚上能出來放風，在開車過程看看風景，偶爾和健談的乘客多聊上幾句，會帶給他一種：「啊～這才是生活呀！」的快樂，所以開車對他來說既是斜槓工作，也是平衡工作與生活的方式。

對於這位司機的分享，我是大大有共鳴的！

過去我在寫作與經營社群的過程中，也常能感受到這種快樂和滿足，雖然遇到貼文成效不佳、靈感缺乏時仍然會沮喪，但每當我所撰寫的內容，得到粉絲的認同與迴響，並被告知這樣的內容可以幫助他們解決問題，帶來成長時，**我心中的喜悅和滿足感，遠遠超過在正職工作上所能獲得的。**

　　因此我會建議，如果你對某個領域有深厚的興趣，或是擁有一定程度的專業，例如你對居家整理、極簡生活有興趣，而且也落實了幾年的時間，擁有自己的見解和心得，那麼針對這個領域去斜槓，發展出例如經營自媒體、擔任整理師接案等服務，是更加適合的。

　　這可以幫助你在遇到挑戰時，能更有動力和熱情去克服困難，也相對比較容易在結束正職的忙碌之餘，堅持投入時間和精力去執行；反過來說，如果你挑選一個並非自己專長，也不是特別感興趣的領域發展斜槓事業，那麼可能很快就會在初期成效不彰，或是遇到難關時，失去前進的熱情和動力，導致斜槓事業難以持續。

　　上述這 3 個思考點，可以幫助你更審慎評估自身的狀況，找到最適合自己的斜槓方向，希望對你有幫助！

小練習

經過思考過後，請試著和自己對話，精簡回答以下問題：1. 你覺得現在的正職身分狀況穩定嗎？2. 你目前比較重視能立即提升收入，還是願意經營一個比較需要長期發展，但未來有機會換取更大回報的事業？3. 你有想到哪些專業或是興趣，是能進一步發展成斜槓事業的嗎？

10 減少「資金風險」，是斜槓初期最重要的事

最近和創作者好朋友吃飯時，她和我分享了一個：「被借錢」的煩惱。

她說，一位許久沒有聯絡，以前參與社群活動中認識的朋友，打電話來跟她借錢。原因是那位朋友正在經營的事業，因在業績好的時候急於擴張，結果營收成長沒有跟上支出燒錢的速度，最後遇到資金周轉不靈的狀況，能借錢的機構都借光了，只好開始找身邊的朋友尋求援助。

在這裡分享這個小故事，不是想討論究竟「該借還是不借」，而是我想讓你知道，**每一個事業的營運過程中，一定存在風險**，這個風險可能是投入大量的時間，卻沒有收穫，又或者是像前面提到的情境，為了擴張事業投入大量資金，可是卻無法順利回收，導致出現資金短缺的棘手情況。

「斜槓」這件事，就如我們在前面小節所分析的：可以簡單像「第一類斜槓收入模式」一樣，打工、接案，投入你正職身分之外的時間和技術，賺取一份立即能獲得回報的收入；也可以複雜像「第二類斜槓收入模式」，投入長期的資金、精力，經營一個事業，例如自媒體、網路商店，甚至是開一家雞

排店，替自己實現雞排自由。

而就我自身的經驗，以及輔導了上百位學員的觀察後發現，「**資金控管**」真的是一件非常重要的事情！為什麼這樣說？

✈ 斜槓前，先檢視自己的財務安全網

首先，讓我為你舉個例子。

假設今天你很喜歡喝咖啡，決定當個「斜槓咖啡廳店長」，利用正職工作之餘，開設一家咖啡廳。你對於這間咖啡廳有自己的設計理念和堅持，於是光是機台的採購、設備和店內裝潢，就先投入了 100 萬。

接著，為了能夠在下個月正式營業，你招聘了一位員工，讓他在早上你忙於正職工作時，先替你管理店面，等你下班後再自己來上晚班，而第一個月的人力、水電、食材費用，統計起來預計支出是 5 萬元。

這樣計算下來你會發現，你的斜槓事業，在第一個月開始幫你賺錢之前，就先支出了 105 萬，如果你第一個月的營收沒有超過 5 萬，那等於第一個月的支出沒有得到回報，也就是沒有產生利潤，去分擔首批投入在店面設備、裝潢的 100 萬。

當然理想上，我們希望運營狀況越來越好，最好每月扣掉成本能淨賺 8 ～ 10 萬，花一年時間就能攤平首批投入的 100萬，隨後開始真正經營一個月，就淨賺一個月。

但現實是，一個事業的營運狀況，會受到很多不同面向的影響，假如你的營運狀況持續出現虧損，又同時要學會管理店面、員工，還要學會社群行銷店面、加強店內食物的品質，一下子，諸多面向的事情如排山倒海般席捲而來，又再加上資金虧損的壓力，真的會讓整個斜槓過程變得很難受。

最糟糕的是，這時候如果問你：要不要把店收了，認賠這一次？你會完全割捨不下，因為這家咖啡廳是你親自用心打造起來的，有你的用心和堅持，最重要的是，你的 100 萬還在裡面。若問你要不要乾脆離開正職，全力把這間店做起來？你可能又會有點猶豫，畢竟要是離職了，連最基本的穩定收入都沒了，這樣風險真的太大了。

◢ 3 種方式，強化斜槓事業實踐力

例子就先舉到這邊，雖然這只是一個虛構情境，但卻是許多真實斜槓故事，最終走向悲劇的縮影。如果時間能重新來過，這個例子怎麼發展會比較好呢？

❶ 先不要急著花錢開店

既然喜歡咖啡，也有意以此發展出斜槓事業，那可以選擇先去其他咖啡廳打工，擔任學徒，仔細研究老闆是怎麼做決策、管理店面的，同時也可以就近跟員工、老闆請教，第一線了解實際運作這個事業的各種眉角，避免未來踩雷。

❷ 先不要投資大筆金額，去真的成立一家咖啡廳

主要是，你如果還不確定自己是否適合當老闆，過去也沒有相關經驗的話，可以先用小成本去成立別的小事業。例如，先在電商平台上開一家專門賣咖啡豆、咖啡壺商品的小店家，感受一下自己成為事業負責人，要去尋找貨源、上架商品、接單出貨、服務客人的體驗是什麼。

❸ 先在社群平台上經營一個以「咖啡廳」為主題的自媒體

可以是寫部落格，或是在 Instagram 發圖文或是短影音。透過分享你在咖啡廳探店時，對咖啡品味的感受、對店內裝潢與服務的分析，提升你對「咖啡廳」的專業理解，包含多數的店面有哪些特色，怎麼樣才能成為有人氣的店家，各店的爆品熱賣款是什麼，有哪些視覺、味覺的精巧之處；同時你也能在提供內容價值的同時，累積一票對你信任的粉絲。

這樣既可以幫助你了解，未來能如何規劃和經營一家咖啡廳，也能確保你的新店開始營業時，有一批保底的消費者願意到場並支持你。

透過這 3 個做法的舉例，你應該可以發現，一個斜槓事業在被「實踐出來」之前，其實又可以細分成很多階段，例如「重金裝潢開設一家咖啡廳」這個選擇，能夠先被拆解出幾個關鍵

行動，包含透過去咖啡廳打工，提升對這個行業的認知；親自經營一個小事業，體驗當老闆的感受；做一個自媒體，累積未來能成為消費者的粉絲。這些不同的階段，都不會花費你太多的錢，又可以幫助你強化能力，應對在經營咖啡廳時會遇到的困難和危機，幫助事業運轉得更加順利。

雖然有句古語說：「不入虎穴，焉得虎子」，意思是想達成目標，就必須冒險，但如果沒有經過縝密規劃，在斜槓初期就投入大筆資金，最後不僅沒賺到錢，還倒賠了更多時間和資金，這樣真的是得不償失。

因此我會建議你，假設你想開始的斜槓事業，會需要花費滿大筆的金額，例如，**超過你 2 ～ 3 個月的收入才能啟動的話，建議可以先緩一緩**，想一下是否能先透過一些替代方案，去感受與這個斜槓事業類似的事，去累積更多相關的知識與技能，等你更有把握以後再去做，否則，「花錢只是一瞬間的事，後續經營的痛苦可能會是一輩子」，這句話乍看有點聳動，但卻是我想送給你最真心的提醒！

以上就是這個小節的全部內容，接下來我們將進入第三章節，也是我最喜歡的一個章節：「品牌力就是變現力！4 步驟強化個人影響力」，我會和你分享，無論想從事哪種類型的斜槓工作，透過自媒體經營個人品牌，都能為你帶來大量的人脈與機會，讓收入更有感的獲得提升！

小練習

你目前有想嘗試的斜槓事業嗎？是否需要你先投入一筆資金進去呢？可以試著拆解看看，能不能先透過一些替代方案，去感受工作內容、累積知識和技能，這樣可以幫助你未來經營得更順利！

第 *3* 章

品牌力就是變現力！
4 步驟強化個人影響力

11 素人更要品牌化！讓他人為你貼上「達人標籤」

什麼是個人品牌？為什麼經營個人品牌對發展斜槓事業有幫助呢？

讓我先為你說個小故事。

某一次，我收到一位大學時期認識的朋友的訊息，他問我有沒有意願擔任 Google Community 社群活動的講師，分享自媒體與個人品牌的經營技巧。

看到訊息的當下，我先是「欣喜若狂」，畢竟能到這麼知名的大企業演講，對我來說真的是求之不得的好機會，既可以強化我的知名度與影響力，也是對我專業能力的正面肯定。

然而，開心完之後，我的下一個情緒是「充滿疑惑」，因為坦白說，我和這位朋友已經將近 10 年沒有聯絡，不僅沒有特別的私交，過往也還沒有在工作上合作的經驗，怎麼會放心把這麼好的機會介紹給我呢？

由於我真的是太好奇了，所以在感謝與答應他的邀約之後，還是勇敢問出了心中的疑惑。

他說，雖然平常沒有交流，但他其實一直都有關注我的自媒體社群，特別是看我這幾年持續不斷在分享知識、優化策

略，然後真的有做出成績，讓他對我擁有的能力和經驗感到信任，所以在手邊剛好出現這個機會時，就第一時間聯繫了我。

釐清前因後果後，當下我的心中真的是百感交集，一來是感謝，感謝朋友的信任，也感謝一路走來認真努力的自己；二來是感慨，曾經默默無名的我，想要舉辦一場演講，還得擔心是否會有人願意出席，但現在已經有知名大企業，願意接受推薦而來邀請我，這中間的轉變，都是多虧了我的自媒體，多虧我建立出屬於我的「**個人品牌**」。

不僅是 Google，其實在後續，我有幸與許多知名企業進行包含講座、社群貼文與短影音曝光等合作，都是專案的負責人本身有追蹤我的社群，或是被身邊的同事、朋友推薦後，主動來聯繫我的，細數下來，我有高達 95％的商案合作，都是合作方主動來找我，我只要持續在社群上分享有價值的內容，讓我的專業持續被看見，斜槓機會就會源源不絕。

✈ 你的個人形象，就決定了收入能否快速成長

所以說，什麼是個人品牌呢？

引用我在 2021 年完成的碩士論文：《探討在社群平台經營個人品牌之關鍵成功因素－以 Instagram 為例》中所下的定義：「**一種可以具體展現個人價值與特色的形象，能引發他人與其相處、合作的信任和期望。**」

在我們的日常生活中，不管是家庭相處、校園學習、職場

工作，只要有與人接觸、發生互動的時候，我們就會因為個人舉止的表現方式、人格特徵、處事能力等，在別人心中留下特定的印象，這個印象就是我們的個人品牌，影響了別人對我們的喜好、期待、相處與合作意願。

這個影響的範圍，是非常廣泛的。舉例來說，在工作上，你的老闆在決定要把一個困難，但是獎金非常高的任務交給誰時，如果你平常在老闆心中的個人形象，是勇於承擔挑戰、總是使命必達，也能保持正面積極的態度和同仁協作，那這個人選很高機率就是你；在生活中，你的朋友們遇到適合的工作、接案機會，想要物色適合的親友做推薦時，如果大家知道你做事可以被信任，不會輕易出包讓他們掉面子，那你也會有很高機率被推薦。

這其實也說明了，為什麼**經營個人品牌**，對發展斜槓事業有幫助，甚至可以說，是**對全方位的生活與職涯發展都有正面助益**。

因為這幫助你建立了良好的信任關係，當別人對你的專業能力和人品個性有了充分的信任，他們會更願意把重要的任務交給你，或是把你推薦給他們的朋友和事業夥伴。這種信任關係，不僅能夠幫助你帶來更多機會，也可以增強你的競爭力，讓你在發展斜槓事業時更加順利。

小練習

仔細思考看看,你身邊有沒有一些朋友或同事,很認真在經營自己的「個人品牌」呢?他們的個人品牌,有改變你對他們的看法或是相處、合作意願嗎?

12 3 元素，
定義你是誰

在了解什麼是個人品牌，以及對於斜槓事業發展的重要性後，往下讓我為你仔細說明，**構成個人品牌的三大元素：特質、願景、價值**，它們分別代表什麼含義，以及該如何透過觀察和反思，找出並定義屬於你的三大元素。

◢ 元素 1：特質

特質要去思考的，就是你這個人，**「如何」與這個世界互動的方式**，這包含了你的個性、風格、喜好、態度、價值觀。

比如你是一個很幽默的人，你想讓別人記住你的這個特質，那麼就可以在平常與人互動時，去展現幽默的一面，或是運用社群媒體，在你製作圖文素材、拍攝短影音的過程中，把「幽默」的元素放進去，讓別人記住你。

同樣的，你也可以把你正向、厭世、搞怪、喜歡芋頭、愛吃甜食等等，這些「與你有關」的喜好、個性，透過日常生活、經營社群的過程中特別呈現出來，塑造出你的個人特色。

以我來說，我是一個很努力練習，讓自己從「不自律」養

成「自律」生活習慣的人。為了把「自律」深刻地烙印在我的思想和行動上，我透過這些行為來鍛鍊自己，包含：閱讀超過20 本以上，教人如何自律、養成好習慣的書；實際在生活中應用這些書中的技巧，並撰寫超過 50 篇相關文章，記錄自己的心得和經驗，從中提煉出最實用的自律訣竅，分享給我的粉絲；也利用社群動態的功能，每週分享我管理時間、推動習慣任務的紀錄（如下圖）。

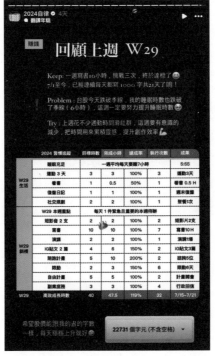

（我會每週在限動分享自己自律管理時間的成果和反思。）

這些內容不僅是我記錄生活、分享知識的自媒體素材，同時也能具體讓大家看見、認識、相信我所具備的特質，建立我在粉絲心中的專業形象以及信任感。

◢ 元素 2：願景

願景是**驅動一個人積極行動，保持熱情的重要關鍵**，它像是一個指北針一樣，在你工作、生活、創作遇到難關時，能不忘初心朝向目標繼續前進。

對我來說，我的願景是希望能發揮我的影響力，去幫助別人學會斜槓的技巧，去實踐自我成長，拓展多元收入，實踐更好的人生。

而這個願景，也影響了我平常學習、思考、工作、經營自媒體、與人交流時，我的表達方式與態度，讓我成為了一個更願意傾聽，並給予鼓勵的人，並讓我的自媒體有源源不絕的創作點子，只要是與能「幫助別人更好地斜槓」相關的心態、技巧、經驗和故事，都可以成為我分享的內容題材。

然而，雖然擁有「願景」很棒，但它並不是很輕易就能夠被定義出來，而且也可能隨著人生閱歷的改變而出現變化。

舉例來說，2019 年我剛開始要透過自媒體經營個人品牌時，我最大的願景其實是「改變自己，讓自己變強」，所以我分享的內容，比較是以我有興趣、我的觀點所產出的內容，主題規劃上相當隨性，一下子聊時間管理，一下子分享美食探

店，只要能讓我鍛練寫作技巧就好，沒去在意太多個人品牌定位，以及吸引粉絲、幫助粉絲也能一起成長的方式。

到了第二年 2020 年時，因為想開始嘗試社群行銷接案，並把「自媒體經營」當作論文題目，所以我替自己建立了一個專業身分：「年輕且有才華的社群行銷專家」，並將願景定義為「讓大家可以學會簡單好上手的實用行銷技巧」，開始聚焦分享文案技巧、行銷知識、自媒體漲粉祕訣，還製作了非常多的簡報、圖卡、表單，在社群上分享，教大家如何快速且有效地學會社群經營。

隨後到了 2022 年，因為已經累積了大量服務企業客戶、舉辦演講服務粉絲的經驗，我發現，與其擔任企業顧問與講師，我對於成為個人教練，幫助個人成長有更大的興趣，因此將願景定義為「幫助別人更好地斜槓」，然後一路發展到現在。

這段經歷也讓我發現了一個定義願景的小技巧，那就是可以問自己：**做什麼事情最讓你有成就感？**會發現這件事是因為，我發現自己在透過演講、教學、撰寫文章，幫助我的粉絲成長後，他們的感謝與回饋，能為我帶來無以倫比的快樂跟喜悅，這種感受和工作上完成專案＆被老闆稱讚時完全不同，後者雖然也會很快樂，但前者更是一種跳脫義務、權責、身分之外，發自內心、顫動靈魂的滿足。

這件事讓我意識到，原來我對於「透過自己的能力，為他人帶來正面改變」是很著迷的，這也成為了我持續創作和分享、經營自媒體的主要原因。

為了幫助你對於找出願景有更多的想法，以下我整理幾個範例讓你參考：

1. 如果你對於賺錢很有成就感，你的願景可以是：讓自己成為一個很會賺錢的人，或是，幫助大家成為很會賺錢的人；幫助所有小資族都能存到第一桶金。

2. 如果你對變健康很有成就感，你的願景可以是：讓自己成為一個很健康的人，或是，幫助大家變得更健康；幫助上班族女性都能健康自然瘦。

3. 如果你對整理家裡很有成就感，你的願景可以是：讓自己的家變得更整潔，或是，教大家學會如何快速整理家裡；教大家買好物過上極簡居家生活。

4. 如果你對於工作上做出好表現有成就感，你的願景可以是：成為公司最有行動力的人，或是，教大家如何高效工作；幫助每個辛苦的上班族都能準時下班。

願景就像是一個人的「**核心**」，如果沒有核心，我們的行為舉止就會不夠一致，導致無法在別人心中形成鮮明的個人品牌印象。

✈ 元素 3：價值

價值，是「具現化」你的願景的重要方式。 為什麼這樣說？

因為如果將願景掛在嘴邊，但缺乏具體的行動去實踐，會很像是「喊口號」，讓人感到空泛、不切實際。而當我們真正在為了願景付出，去提供服務、分享知識、參與活動，讓其他人因為你的行動而獲得價值、出現改變後，你的願景才得以具現化，被他人感知、信任，到成為你專屬的個人品牌印象。

畢竟，無論是在網路上還是現實中，要讓你的個人品牌深植於眾人心中，讓別人在認識你之後，喜歡你的特質、支持你的願景，進而願意把好機會推薦給你，購買你推出的產品和服務，最重要的還是源自於：這些人有沒有因為你而獲得好處？因為你而讓生活變好？因為「你提供的價值」，而成為你個人品牌的擁護者。

價值又可以再細分為：**實質價值和情緒價值**。實質價值提供的是明確的技巧、經驗、解決方案；情緒價值提供的是支持、鼓勵、陪伴、共情。這兩者在個人品牌的建立中，都是非常重要的元素。

❶ 實質價值方面

你可以展現你的專業能力和知識，透過分享具體的技巧、解決方案、真實經驗，讓你身邊的朋友和同事，或是網路上追

蹤你的粉絲，在生活和工作中獲得幫助。

舉例來說，我透過經營自媒體的方式，去傳遞融入我願景的實質價值，我所寫的每一篇貼文、製作的限時動態和短影音，都在分享我落實自律斜槓的生活方法，以及教我的粉絲可以運用哪些技巧，去更有效率、更有產值地斜槓；去培養強韌的心態和思維，面對斜槓時的挑戰。

② 情緒價值方面

你可以關注身邊的人，在他們遇到困難和挑戰時，給予支持和鼓勵，甚至能進一步分享感人的故事、有趣的短片、勵志的金句，帶給他們歡笑和快樂、激勵與啟發，去度過低潮時刻，讓他們感受到你的陪伴和關懷。

實質價值展現了你的專業，讓你能獲得信任；情緒價值加強你與朋友、親人、粉絲之間的情感連結，讓他們不只信任你，還願意長時間支持和跟隨你。

總結來說，透過提供價值，能讓我們具現化出心中所重視的願景，讓你的個人品牌形象更加明確，而實質價值結合情感價值，你的個人品牌會**兼具專業與溫度**，在深植人心的同時，贏得更長遠的信任和支持，這將幫助你吸引更多合作機會和資源，成功實現斜槓事業。

小練習

請思考看看，你能明確寫出自己目前擁有，或是想要
建立的「個人品牌三元素」嗎？
以下是我的版本，提供給你參考！

特質	願景	價值
自律、高效、正向、積極、邏輯好。 **HOW**	幫助大家實踐自我成長，打造斜槓人生。 **WHY**	行銷、自我成長、斜槓的免費貼文與付費課程。 **WHAT**

13 社群品牌力經營第 1 步：明確你的斜槓目標

　　經過了對個人品牌三元素的詳細拆解，你是否開始構思，該如何打造自己的個人品牌呢？

　　過去，個人品牌的建立非常仰賴線下的實體活動，必須在實際與人互動的過程中，例如職場、社交聚會、典禮儀式，才能在別人心中形塑自身的形象；然而現在透過網際網路，即使不參加實體活動，我們也能夠在社群媒體上，發布文章、圖片、影片等媒體素材，去展現我們的思想，分享我們的知識，提供經驗與技能去幫助社群上的人，從而建立他人對我們特質和能力的認識。

　　這個過程就是在經營我們的個人品牌，也是**建議這個時代的工作者，都投入時間去做的事情**，因為正如我在前面小節中所分享的，當你的個人品牌形象，讓別人對你的專業能力和人品個性產生了充分的信任，他們會更願意把重要的任務交給你，或是把你推薦給他們的朋友和事業夥伴。

　　這種信任關係，不僅會影響斜槓事業的發展，更會對人生中的其他面向，例如感情、正職有正面幫助。像是在你單身的時候，親友會把他們身邊優秀的單身朋友介紹給你認識；或是

在你想找工作的時候，別人也會樂意把你內推進公司，甚至為了招攬你而特意創造一個職位給你。

往下，我會使用幾個不同的小節，和你仔細分享，這個時代我們該如何有效率地透過社群媒體，去經營自己的個人品牌，享受隨後出現的諸多效益！

在這邊，讓我們從「第 1 步：明確你的斜槓目標」開始吧！

✈ 以終為始規劃，才能明確定位

「**目標**」這個詞看起來好像有點嚴肅，但我認為它是我們**做個人品牌之前，最需要先去想清楚的事情。**

因為當你的目標足夠明確，才能以終為始去設計，你要以什麼樣的形象被別人看見並信任，從而幫助你更順利發展斜槓事業。

舉例來說，你非常喜歡健身，除了平常積極到健身房鍛鍊之外，也希望自己未來能夠成為一位自由運動教練，利用正職工作之餘，可以接學生創造斜槓收入。那麼，一開始要從哪裡找學生呢？很大機率是從你身邊的親友開始，因為他們最了解你的為人和能力，最有機會成為早期付費支持你的客戶。

而為了要最大程度吸引這些親友，讓他們知道你是認真投入這件事情，而且絕對有足夠的經驗和技巧幫助他們，你平常生活的方式，包含飲食習慣、運動習慣、健體知識，在他們眼裡看來，必須是要有原則、有策略、有專業的，他們在真正付

費給你的服務之前，一定會先問你幾句建議，甚至和你一起在健身房鍛鍊過幾次，感受到你的熱情、耐心和有品質的輔導後，才會真正敞開心房……以及敞開他們的錢包，和你成交。

✈ 用「一致化」的社群分享，打造專業的好形象

這整個過程放在網路上經營時，更講求你對目標的想法是否明確，因為社群媒體上的粉絲，平常是無法在現實世界中看見你的，他們只能從你寫的文章、拍的照片、製作的短影片，這些「碎片化」的素材，去嘗試認識你、信任你；而要是你對於目標的想法很模糊，導致也想不清楚自己要在網路上分享哪些內容，那麼這些「碎片化」的素材，就難以連貫、一致的去形塑出你的個人品牌。

以前述成為「自由運動教練」的斜槓目標為例，請你看看如果你是外人，在觀看以下這兩種不同的社群內容時，你會更信任哪一個人，去找他當你的教練。

【小亨】Instagram 的近 12 篇貼文，呈現了這些主題：

健身器材使用教學 ×4

運動習慣養成教學 ×4

日常飲食熱量分析 ×4

【小利】Instagram 的近 12 篇貼文，呈現了這些主題：

露出好身材的戶外運動照 ×3

電影心得分享文 ×2

健身器材使用教學 ×3

看書心得 ×2

朋友派對聚餐合照 ×2

上面這兩個人，或許都是非常熱愛健身、熱愛生活、個性很好、也能為你帶來專業教學的人。然而，社群媒體只能讓我們看見這個人的一部分。

所以我相信，光從字面上看起來，你會覺得小亨是非常有目標在經營個人品牌的人，看起來他很想成為專業的健身教學者，提供的內容也都與這個目標有關；小利則看不太出來，他是明確想成為教練呢，還是只是一個熱愛分享自己生活的健身男孩？你或許會想和小利當朋友，但說到要挑選教練，小亨會比較讓你有足夠的信任感。

看完上述舉例後，相信你已經完全了解，明確你的斜槓目標，對於經營好個人品牌有多大的影響。而我也能猜到你的下個問題是：我現在想不出我的目標是什麼，該怎麼辦？

我建議，你可以先按照我在第二章分享的內容去思考，你未來想靠哪一種斜槓收入模式賺錢？是「第一類斜槓收入模式：販售時間或技術」，還是「第二類斜槓收入模式：販售商品獲利或抽佣」？

如果是第一類，那你可以接著去想，你打算用什麼興趣、知識、經驗、技巧，當作提供服務換取報酬的方式，然後透過個人品牌的經營，去讓別人看見你的特質、願景、價值，提升找你服務的意願，讓你擁有比其他競爭對手更高的知名度，獲得源源不絕的客源！

我曾有一位學生，她白天是一位金融業的上班族，因為很想成為自由接案的理財顧問，所以透過 Instagram 建立她的專業個人品牌，分享許多關於理財的知識和技巧，這幫助她在朋友圈中慢慢打開名聲。她先替幾位親友做理財諮詢後，接著被親友推薦給他們的朋友，持續擴圈，就這樣順利發展起她的斜槓事業。

那麼如果是第二類，你可以從你想經營的事業主題，去為自己塑造一個專家的身分形象，幫助你吸引有相關消費需求的粉絲，作為你後續經營事業的銷售支柱。

舉例來說，你想斜槓經營一個販售生活好物的電商賣場，那你的個人品牌就可以朝：居家生活、極簡生活等路線規劃，因為分享你如何打理生活、選用生活好物的知識，可以幫你建立「生活達人」的專業個人品牌形象，這將有助於你在推廣自家賣場時，讓受你專業吸引，而成為你粉絲的人，更願意支持購買。

希望以上的論述，能讓你對如何開始經營個人品牌，有更精準的認知。

其實，並不是一定要有「斜槓目標」才能經營個人品牌，

就算你只是想幫助自己在正職工作做好，所以需要一個社群平台去吸引粉絲追蹤，獲得影響力；又或者是你單純在閱讀、學習一件事情的成長過程中，想要有一個地方分享你的知識和經驗，讓自己成為一個上進、正面的人，這些不同的需求，都是能透過個人品牌去達成的。

只是，**能清楚自己的「斜槓目標」，以終為始規劃你的經營方式，將能幫助我們更有效率地制定策略、創作內容，也更能幫助你提升斜槓收入。**至於後續的具體步驟，我將在下一個小節仔細告訴你。

 小練習

請試著寫出，你的斜槓目標是什麼，以及希望個人品牌可以為你帶來哪些幫助。例如我的版本：我的斜槓目標是成為一個自媒體斜槓教練，發展自己的斜槓教育事業，打造能持續販售的課程＆衍生服務，因此透過經營專業的個人品牌，希望為我帶來源源不絕的學生，以及企業合作機會，讓我有持續的顧問諮詢、演講收入。

14 社群品牌力經營第 2 步：
分析你的優勢資源

　　為了在網路上經營個人品牌，我們會需要**「定時」、「定量」去發布社群內容，以形成有系列感的專業形象**。這其實非常考驗我們搜集靈感、製作素材的能力，因此，挑選自身已經有豐富經驗、知識的主題，當作是個人品牌的內容支柱，是既能發揮我們的優勢，又能提升經營效率的方法。

　　以我自身的經驗來說，「斜槓」這個屬性的個人品牌，其實很多人都在做，任何一個職業的工作者，都可以在社群平台上分享一些知識、故事之後，替自己冠上「自媒體經營 × 斜槓營養師」、「短影片教學 × 斜槓醫師」等等的名號。

　　那麼我該怎麼利用自己的「優勢資源」，在這個進入門檻低，又有很多人在做的主題上，創造我專屬的定位和不可取代性呢？

　　這邊我們就可以使用，我在 3-2 小節分享的「構成個人品牌的三大元素」來做拆解。

✈ 1. 展現無可取代的特質

　　首先是特質。在經過大量的自我鍛鍊，以及與周遭親朋好友聊過之後，我發現「自律生活」是我超級有興趣，且非常鮮明的一個特質。我的一些生活習慣與工作方式，不管是放在線下生活中，還是和線上一些同質性的創作者比較，都很有我個人的特色。

　　舉例來說，有個最顯著的差異是，我對於「時間」管理的方法非常不一樣。例如，我會自製時間管理表格，去記錄自己的待辦事項與任務完成率；我會定期撰寫貼文、在 Instagram 限動分享，我利用時間的方式以及每週反思，這些分享不僅是陪伴我成長的一部分，更是形塑我個人品牌形象的重要素材（請見下頁圖表）。

　　也因為上述的偏好與習慣，對我來說，要去製作與「時間管理」有關的分享和教學，是非常容易的，因為這既是我擅長的事情，也是我能夠展現自我特色的主題。所以，這些我管理時間的技巧、經驗、故事、工具、習慣，通通屬於我的「優勢資源」，讓我能事半功倍，去創造我和他人的**差異化**（因為其他人要模仿我的話，難度太高了！需要極高的自律才能這樣每天、每週去記錄與分享）。

　　如果需要去找出，你能應用哪些特質，結合社群媒體做分享，可以從詢問身邊的親朋好友開始，有沒有你的哪些習慣、個性、喜好，是讓他們驚訝，而且和身邊人非常不同的？再來

2024 習慣追蹤		目標時數	完成小時	達成率	執行次數	成果
W28 生活	睡眠充足	一週平均每天要睡7小時				6:51
	運動 3 天	3	3	100%	3	運動3天
	看書	1	1	100%	2	看書1H
	復盤日記	1	1	100%	1	週末復盤
	社交規劃	6	6	100%	3	聚餐3次
W28 斜槓	W28 本週重點	每天 1 件緊急且重要的本週待辦				
	短影音 2 支	2	2.5	125%	3	短影片2支
	寫書	10	7	70%	5	寫書7H
	演講	2	2	100%	1	演講1場
	IG貼文 2 篇	2	4	200%	2	IG貼文2篇
	陪跑計畫	5	7	140%	2	諮詢5位
	限動	2	2	100%	4	限動4天
	自由計畫	3	3	100%	1	計畫開會
	副業庶務	3	3.5	117%	4	行政回信
W28	高效成長時數	40	42	105%	31	7/8–7/14

（這是我自製的時間管理表格，每天檢視任務完成進度，每週在社群分享。）

就是，**這些不同最好不僅是搞怪、好笑，而是能夠改善生活，或是在某些領域創造正面效益的，這樣的內容更有利於在社群上創造話題。**

聊完了特質之後，再來就是願景的部分。

◢ 2. 聚焦並推動願景

如同我在之前 3-2 小節的介紹，願景就像是一個人的「核

心」，如果沒有核心，我們的行為舉止就會不夠一致，導致無法在別人心中形成鮮明的個人品牌印象。

當你擁有願景，就可以回頭去思考與分析，**你的願景之所以還沒實現，是因為缺少了哪些知識和技能呢？這些缺少的部分，就可以變成你平常在學習、在製作社群內容宣傳自己時，能切入的主題。**

舉前述的案例來說，如果你對於賺錢很有成就感，你的願景可以是：讓自己成為一個很會賺錢的人，或是，幫助大家成為很會賺錢的人；幫助所有小資族都能存到第一桶金。

這時候，你就可以接著想：「為什麼我還不會賺錢？我缺了哪些知識、技能？」「為什麼其他人不會賺錢？為什麼其他人存不到第一桶金？他們又缺乏了哪些知識和技能呢？」為了回答這些問題，所展開的內容策略，以及製作出來的圖文、短影片，就是能有效幫助你塑造個人品牌的社群素材。

請看下頁這兩張圖，這是我 2023 ～ 2024 年發布的社群內容中，讚數前 5 多的兩篇貼文，內容核心都是聚焦在，我為了達成理財目標，做出了哪些努力，包含認真斜槓、學習、自我成長，並精煉出也能讓我的粉絲有所收穫的知識點，讓他們跟著我一起前進。

除此之外，我的願景：「幫助別人更好地斜槓」也成為我平常到不同單位演講、與不同創作者洽談合作時的個人品牌印象，這能讓他們更快速地認識到我能提供的價值，也能透過我平常在社群上的分享和言行，知道「我是認真的、專業的」，

而非只是一時興起，才替自己安上斜槓這個標籤，這幫助我累積了更好的印象分數。

◢ 3. 具體化落實價值

最後，是價值的部分。

前面我提到，價值又可以再細分為：實質價值和情緒價值。實質價值提供的是明確的技巧、解決方案；情緒價值提供的是支持、鼓勵、陪伴、共情，兩者在個人品牌的建立中，都是非常重要的元素。

當價值要透過社群內容展現出來的時候，需要特別注意 3 個重要細節：

❶ 不光描述經驗，而是化為可執行步驟

好的故事與經驗，能夠讓人帶來啟發，但要能創造改變，還需要摘要出**關鍵步驟**，因為如果只是描述你經歷了什麼，你的粉絲不一定有足夠的能力，去吸收與轉化出：「未來自己該做些什麼，才會變得更好」。如果缺乏了**後續的轉化與應用**，那你提供的價值，不一定能完整被粉絲感受到。

這正是我們的「優勢資源」可以發揮的地方。當你分享的故事和經驗，是你過往有親身經歷，或是深度研究過的，就成為了你的優勢，因為你相較於其他人，能更精細歸納與整理，旁人想學習時該透過哪些步驟去落實，成功率會更高。

以自媒體經營來說，因為我已經經營超過 5 年時間，從無人問津走到成功發展出多元斜槓收入，所以在教學的時候，我能夠精煉出很多重要的步驟與技巧，讓我的粉絲逐一實踐。

你有發現嗎？這也是我透過這本書在努力做到的，每一個小節，都盡量結構化成能幫助你達成目標的執行步驟，也透過小練習，讓你聚焦思考，怎麼把現況與本書知識結合在一起，去解決問題，希望對你有幫助！

❷ 善用舉例，為自身觀點佐證

因為每個人的年齡、性別、專業知識、生活經歷都不同，所以有時候你以為自己講得很清楚了，其實其他人還是一知半解，這時候透過生活化、大眾都能體會的舉例，就是一種很好的溝通方式。

我平常在演講、寫作、製作社群素材的時候，很喜歡用 3 種方式做舉例：

❶ 自己的親身故事

這種舉例方式說服力很高，因為能充分向其他人證明，我所講的知識和技巧不是空話，而是真的被親身驗證，能創造出成果的方法。

❷ 其他人的實際案例

我通常會以我的學員、客戶、身旁的朋友，他們的成功或失敗經歷，作為我觀點的佐證，以及技巧的舉例，因為是我能親自接觸、輔導到的人，所以能挖掘出更多這些經歷背後的心情轉折、後續反思，從中精煉出更多實用的具體步驟。

而像是這樣因為人際關係，能夠取得他人經驗、故事中，更具體的細節與觀點，就屬於優勢資源的一種，能為你的內容價值創造不同於他人的特色，務必要善加利用。

❸ 生活化的情境

我會嘗試找出，生活中哪些多數人的體驗，和我所要傳達的觀念和技巧有相似之處。

舉例來說，當我想要溝通：「做任何事情，要先決定目標再行動才好」這個觀念時，我會用「找路」來做範例，讓我的粉絲了解，先訂目標的重要性。請看以下文字：

當你使用 Google Map 找路時，要是沒有想好目標，你就不知道該輸入什麼地點，該往哪裡走對吧？又或者是，假設有個人跑來問你：我想去個地方，請告訴我怎麼走，但他也說不出來這地方是哪裡，會讓你感到很困擾，根本不知道怎麼給建議，對吧？

由此可見，先定好目標再行動，不只可以幫助自己釐清思緒，聚焦資源，朝向正確的方向前進，同時也可以更好的爭取他人的協助與建議，不會成為讓他人困擾的人。這是對自己，也對身邊人的體貼。

❸ 穩定且持續更新社群內容

為什麼穩定且持續很重要？這邊容我以談戀愛做舉例。

今天假如有一個人在追求你，他對你的生活表達關心，樂意對你遭遇的問題伸出援手，甚至還會主動送你一些禮物，以贏得你的好感。你對這個人會怎麼想呢？

- 如果這樣的行為只維持一天，你會認為對方只是一時腦衝，把你誤認為別人了。
- 如果這樣的行為維持一個禮拜～一個月，你可能會有點心動；但若尚未積極地回應或答應對方，對方就消失，不再對你好了，那你可能會認為對方只是一時玩玩，或是同時對身邊很多對象「撒網」，所以也不覺

得這樣的人消失會怎麼樣。

● 如果這樣的行為維持了超過三個月，甚至是半年、一年，無論最終你是否要和他交往，這段時間的付出和陪伴，就算沒有功勞也有苦勞，你再怎麼無情，也多少會認同，對方是認真在追求你，而且真的很用心。

雖然在社群上經營個人品牌，跟在現實世界追求人談戀愛，是完全不同的事情，但其中的行為模式、給他人的觀感、塑造的信任，在諸多面向上，卻十分有趣有許多相似之處。

而能夠「**持續**」，本身就是一件極有價值，且有利於個人品牌塑造的事情。所以你下一步可以去想，有什麼主題的內容，是你很擅長、有興趣，能源源不絕提供技巧、經驗、解決方案的？而且別忘了，這些內容還需要呼應到上一個小節提到的「斜槓目標」，兩兩結合之下，才能創造更強的影響力。

我會建議，如果你和我一樣，是**使用 Instagram 或是 Facebook、Threads 等社群媒體建立個人品牌，確保一週提供 2～3 則內容的更新，是比較恰當的，而如果是在 Youtube 做長影片的更新，每週或是每雙週更新 1 則影片**，也是滿多創作者會採用的頻率。

這邊我用一個「個人品牌策略表格」（請見下頁），整合一下目前我和你分享的技巧，並加上我的個人案例，讓你能更清楚的複習與思考。

透過社群媒體經營個人品牌		亨利溫範例
1. 斜槓目標	第一類斜槓收入模式：販售時間或技術	無。初期以第二類為目標，後續才衍生出演講、諮詢、單篇社群業配……等投入時間與技術換取報酬的收入方式。
	第二類斜槓收入模式：販售商品獲利或抽佣	想發展自己的斜槓教育事業，打造能持續販售的課程＆衍生服務，因此先以自媒體建立專業個人品牌。
2. 優勢資源	特質	自律、時間管理的習慣、擅於做計畫並實踐。
	願景	幫助別人更好地斜槓。
	價值	實質價值：對斜槓有幫助的自媒體經營、溝通、時間管理、專案管理、商業運營等技巧。 情緒價值：如何面對挫折、壓力、如何有效自我激勵。 上述的分享，都來自自己大量閱讀、大量實踐後的經驗，既屬於我的專業，也是我有興趣的事情，所以讓我能夠源源不絕地提供內容，是我的優勢資源。

 小練習

延續你在上一個小節所寫下的斜槓目標，請接著盤點你的優勢資源，你有哪些特質、願景、價值，是能夠幫助你更有效率、更持續地輸出內容，在社群上經營個人品牌呢？

15 社群品牌力經營第 3 步：
分析你的受眾需求

　　在前面幾個小節，我們很積極學習了，如何從自我分析的角度，找出有利於個人品牌經營的元素。然而，如果想要經營得又好又長久，還有一個部分，是我們需要仔細思考的，那就是：**分析你的受眾需求**。

　　受眾是一種概括性的描述，意指那些會接觸、閱讀你分享內容的人，他們有的已經是你的粉絲，有的是第一次接觸你的陌生人，而從他們的角度去思考與製作社群內容，是非常重要的。

　　就像是一個故事之所以精彩，在於有創造故事的人，以及欣賞故事的人。我們所寫出來的內容、傳遞的價值，**不能只是「我們覺得有價值」，還得要是觀看你內容的人，能從中獲得收穫與成長**，在得到你的幫助後，對你產生好感和信任，才能成就出好的個人品牌形象。

◢ 2 方式，找出受眾及其需求

　　因此，定義閱讀你內容的人是誰？他們有什麼需求和痛

點？然後恰到好處地提供他們解決方案，是接下來我們要學習的事情。

學好這件事情，不僅是在幫助你設計出吸引人互動、追蹤的社群內容，未來當你要增加斜槓收入，去推出自己的產品與服務時，也能給予你較精準的思考方向，避免你費盡了心思和金錢、時間成本，結果打造的成品乏人問津。

往下，我會提供 2 種不同的方式，幫助你分析與了解你的受眾需求。

第 **1** 種：以過去的自己當作受眾

每當我思考該如何幫助我的粉絲，在打造斜槓人生上能更順利時，我都會反問自己：「以前那個從頭嘗試斜槓的我，會遇到哪些問題與困難呢？」這個方式，可以讓我暫時跳脫「已有豐富經驗、認為事情都很簡單、能夠被解決」的狀態，**回到和新手同樣角度的視野，去製作對他們有幫助的文章和內容。**

因為現在的我，是過去的我經歷無數挫折和挑戰後，成長後的樣子，而那些願意跟我學習，認同我個人品牌的人，一定是從我身上看見能夠幫助他們改變的地方，他們想要解決的問題、獲得的改變，都已經在我身上得到了應證。

所以，他們某種程度上就是過去的我，而我透過拆解自己成長的經歷、累積的技巧、克服的問題，得以精準地幫助他們，讓他們逐步成長，並累積對我專業能力的信任。

以下幾個範例，可以幫助你更了解，如何用「以過去的自

已當作受眾」的方式，去分析受眾需求並規劃社群內容。

- 健身：你是如何從不會健身到學會健身？中間歷經哪些困難？用什麼方式學習？花了多久時間才看見身材的改變？心態的轉變是什麼？如何堅持到成功？
- 美妝：你是如何從不會化妝到會化妝？新手該怎麼挑選適合自己的化妝品？把自己變漂亮對你的心態影響是？如何生活才讓你的皮膚狀態從壞變好？
- 居家整理：是什麼理由激發你開始極簡？一開始遇到什麼困難？透過哪些步驟與方法才成功斷捨離？有哪些店家或品牌是你愛去逛的？

上述這三個舉例，相信你一定可以看出一些端倪，那就是抓住「從壞到好」、「從不熟悉到熟悉」、「從不習慣到習慣」、「從沒改變到成功改變」……的切入點，詳細說明如何做到這些成長與轉變，那就是那些過去的你，會想要了解、渴求的資訊。

「以過去的自己當作受眾」是在思考受眾需求時，最簡單、快速的方法，然而有個問題是，每個人的個性、成長經歷、家庭狀況都不同，也許在過去不會造成你的問題的事情，其實是很多人的心頭痛，因此，我們還需要搭配其餘的方式，更全面地掌握受眾需求，提高思考的精細度，這不僅是專業的展現，也能幫助你贏得更多信任與肯定。

第 2 種：與受眾互動，直接了解他們的需求

雖然這個方法看起來很直白、好懂，卻是很多人不願去嘗試的事情。

在過去訪談我的學生中，我發現大家對於直接開口問人：「你需要什麼？想要知道什麼？」會覺得好像有點丟臉（展示自身的無知），也有點不禮貌（直接刺探別人的想法），因此除了身邊很親密的家人或朋友敢這樣問之外，想到要去問社群上沒那麼熟的粉絲，甚至是身邊的同事，都會覺得有點怪怪的。

然而，正如同我在前述所提到，因為每個人都是不一樣的，在同樣的議題上，可能也會衍生出不同的需求，例如「發問」這件事，對外向的我來說完全不是問題，我第一次聽到比較內向的學員提出：「直接開口問別人想知道什麼，會不會很丟臉？」這個詢問時，也是備感驚訝與新奇，但後來我就完全能夠理解，她是真的受這個問題所擾，才需要我的協助與幫忙。

◢ 4 步驟，開啟良性互動

以下和你分享，我在透過訪談與互動，了解受眾需求的過程，會使用的 4 個步驟：

步驟 **1**：詢問對方的目標和渴望

假設以自媒體經營來說，我會先詢問對方：為什麼想經營自媒體？希望可以達成什麼目標？從「**對方想要、在意的事情」開始討論**，讓對方盡量能暢所欲言，說出他的想法。

步驟 **2**：詢問對方是否滿意目前的進度

藉由這個問題，旁敲側擊了解，對方目前在目標的進展上是否順利。

如果對方回答：「還滿順利的，進度不錯」，我會進一步詢問，對方有沒有期待可以在哪些面向上進展得更順利？例如，對於自媒體經營到一個程度的學生，他們可能會想知道，如何「更快產出內容」，以及如何「提高變現金額」，這些對於受眾的理解，除了源自我親身發展過程中的反思之外，也是在訪談中逐步建立的認知。

另外，如果對方回答：「發展不太順利，遇到一些困難」，我們就可以進一步了解對方的難處與痛點是什麼。

步驟 **3**：三面向了解對方的難處和痛點

通常不管是什麼目標、什麼行業，有99％的機率一定會遇到：**技能不熟悉、心態過不去、經驗還不足**等三面向的問題。因此表面上，你不需要這麼「結構化」的去問對方是在哪個面向遇到困難（否則會讓整個談話變得有些嚴肅），但你可以在對方跟你分享的過程，在心中先初步分類，這會有利於你

在事後整理思緒，並系統化的延伸出對應的社群內容。

舉例來說，我針對「斜槓」這個議題的三面向痛點，做了這些整理：

- 技能痛點：時間管理、專案管理、商業思維、溝通表達、服務設計、銷售策略、內容行銷、客戶開發、簡報設計、文案撰寫。
- 心態痛點：害怕失敗不敢開始、短期投入沒有成果如何堅持、自我壓力太大如何平衡、與競品的比較心態、對於開始銷售行為的恐懼、完美主義導致拖延、如何自律對抗懶散。
- 經驗痛點：該挑選哪種斜槓方式才適合自己、如何從 0 開始斜槓、一人事業如何規模化發展、遇到瓶頸時怎麼軸轉、第一個變現產品該做什麼比較好。

上述這些整理，幫助我釐清與聚焦受眾的需求，並可以針對他們的痛點，提供免費服務（社群內容）與付費服務（工作坊、線上課程、顧問服務），確保我的產出能精準幫助到受眾，成功傳遞價值。

步驟 4：詢問對方為了解決困難，曾經嘗試哪些方法

一般人做到上述 3 步驟後，已經能很有感收集到對內容創

作有幫助的素材了。然而，如果我們想成為專家，就需要更進一步了解，過去你的受眾「曾經自己做出哪些努力」，去探究他們想嘗試改變、解決問題，卻依然失敗的理由與困境是什麼。這可以幫助我們**提煉出更獨特的觀點與建議，做出和其他人的區隔，也更體現我們的貼心與內容的深度。**

以增加斜槓收入來說，多數人的痛點會是：不曉得如何做好時間管理，為自己爭取更多時間斜槓。而解決這個問題的方法，不外乎常見的：早睡早起、好好利用不被打擾的晨間時光；下班後減少娛樂時間、睡前空出一小時用來斜槓；善用交通等零碎時間、處理行政事項⋯⋯等，那麼除了這些，還有什麼更具體、專業的見解嗎？

在某次與學員的訪談中，我找到了新的思路。這位學員對於各種時間管理技巧都了然於心，然而在生活中就是無法做到，在某一次面對面的諮詢訪談後，我發現，她之所以無法做好時間管理、開始斜槓，是因為她在正職工作上消耗掉了太大的心力。

天生內向害羞的她，對於主管、客戶、同事的要求，始終都是照單全收，不太會詢問對方的目的，嘗試找出更好的解決方法，也不懂得適度拒絕，控管好自己的工作分量，這讓她常常上了一整天的班，都在幫忙別人的事情，等到處理好自己真正職位上的工作後，已經是油盡燈枯的狀態。

所以，在增加斜槓收入這個目標上，表面上她遭遇了時間管理的問題，實際上她要優先解決的，是「精力管理」與「溝

通管理」，這兩個部分處理好之後，她在正職之外才有餘力好好運用時間，發展自己的斜槓事業。

這個發現，大大提升了我之後在製作社群內容、演講和諮詢的深度，我會提醒自己與我的學生，在遇到問題時，**不要急著解決表面問題，而是多去了解、觀察**，曾經嘗試的方法哪些無效？為什麼無效？從中找出問題的核心，然後提出對受眾更有幫助的內容和服務。

我將這章節的內容，也整併到上個小節製作的「個人品牌策略表格」中。

透過社群媒體經營個人品牌		亨利溫範例
1. 斜槓目標	第一類斜槓收入模式：販售時間或技術	無。初期以第二類為目標，後續才衍生出演講、諮詢、單篇社群業配……等投入時間與技術換取報酬的收入方式。
	第二類斜槓收入模式：販售商品獲利或抽佣	想發展自己的斜槓教育事業，打造能持續販售的課程＆衍生服務，因此先以自媒體建立專業個人品牌。
2. 優勢資源	特質	自律、時間管理的習慣、擅於做計畫並實踐。
	願景	幫助別人更好地斜槓。
	價值	實質價值：對斜槓有幫助的自媒體經營、溝通、時間管理、專案管理、商業運營等技巧。

（接下頁）

		情緒價值：如何面對挫折、壓力、如何有效自我激勵。 上述的分享，都來自自己大量閱讀、大量實踐後的經驗，既屬於我的專業，也是我有興趣的事情，所以讓我能夠源源不絕地提供內容，是我的優勢資源。
3. 受眾需求	以過去的自己當作受眾	從壞到好、從不熟悉到熟悉、從沒改變到成功改變，做出這些成長的技巧和方法。
	直接訪問了解受眾需求	步驟 1. 詢問對方的目標和渴望。 步驟 2. 詢問對方是否滿意目前的進度。 步驟 3. 三面向了解對方的難處和痛點。 步驟 4. 詢問對方為了解決困難，曾經嘗試哪些方法。

 小練習

請針對你的個人品牌主題，從身邊的親朋好友中找出一位適合的對象，按照此小節所教的 4 步驟，做一個實際的訪談，提升你對受眾需求的認知！

16 社群品牌力經營第 4 步：套用 4 種文章架構成為自媒體高手

經過前面的梳理，相信現在你對於個人品牌該怎麼經營，已經有比較具體且深入的了解，那麼接下來我要教你的是，把這些想法和分析，落地成「具體內容」的魅力文案寫作架構。

這些架構**不僅適用於製作短影片的腳本，也適用於撰寫部落格長文，或是製作 Instagram 和 Facebook 的圖文內容。**為了方便你快速理解與吸收，每一個架構，我會用「三段落」的形式，來和你說明與舉例，未來你在撰寫時，不必拘泥於三段落，想要根據這些基礎框架，去延伸其他段落和內容，都是沒有問題的！

第一種架構：知識教學型

這種架構主要目的在於傳授知識，透過讓粉絲學會特定的技巧，傳遞你擁有的實質價值，在粉絲心中建立個人品牌的專業感和信任感。

段落❶：創造情境，引動情緒

詢問粉絲曾因為什麼情境、問題，感到困擾、不舒服、害怕，或是心中有期待、渴望，這邊通常會直接用一個問句，或是講一個小故事當開場。

段落❷：提供解答，展現好處

透過條列式的形式，先列出怎麼解決問題。不管是知識、方法、技巧，讓粉絲先用最快的時間，知道繼續看下去的好處是什麼，抓緊他們的注意力和好奇心。

段落❸：逐步分析，如何應用

舉出實際的案例、步驟、教學，讓粉絲知道可以如何逐步運用技巧，去解決自身遇到的問題。

往下的範例，是我以「如何有效存錢」作為主題，所寫的知識教學文。

▶ **段落一：創造情境，引動情緒**

你曾想好好存錢，卻不知道怎麼開始嗎？23 歲的我拿到第一筆正職收入之後，我心想：「錢真的好少，才 3 萬出頭，我必須想辦法精打細算存錢！」

▶ **段落二：提供解答，展現好處**

為了有策略的督促自己「開源節流」，我利用記帳習慣，

開發了 5 步驟的小資族存錢法，經過了 5 年多的努力，順利存到了 100 萬！

▶ 段落三：逐步分析，如何應用

為什麼能靠記帳達成這樣的成果呢？以下我將詳細說明背後的因果關係，幫助你也能像我一樣做到！步驟 1……

✈ 第二種架構：個人故事型

這種架構主要目的在於揭露自己的人生經歷，讓粉絲更了解你，知道你曾經歷過哪些挫折，以及之後是如何克服的。這不僅有助於拉近你和粉絲之間的距離，也能讓他們看見並相信，他們現在遇到的困難，你是真的有能力為他們解決的，這對於你斜槓事業的發展和推廣，有非常正面的幫助。

段落❶：展現挫折，引發共鳴

可以是現在或過去，你曾因為哪些事情努力沒結果，或是卡關想不通而感到挫折，最好是你的粉絲也能感同身受、產生共鳴的難關。

段落❷：努力付出，尋找解答

為了克服難關，你曾花費多少時間、付出哪些努力、去做了哪些事情，過程中你產生了什麼心路歷程，以及獲得了哪些

體悟。

段落❸：說明結果，未來應用

努力過後，克服難關了嗎？如果克服了，你得到哪些收穫？未來可以怎麼應用？如果還沒突破，你打算怎麼繼續努力？

說明這段內容的時候，可以嘗試回扣到你的個人品牌三元素中的願景，將你對未來的規劃和想像，與你的粉絲連結在一起，邀請他們持續跟隨你，和你一起成長、進步。

往下的範例，是我以「經營自媒體的挫折」作為主題，所寫的個人故事文。

▶ 段落一：展現挫折，引發共鳴

在 Instagram 經營個人品牌的路上，我第 1 年努力寫了100 篇文章，卻只獲得 700 個粉絲。雖然我當時專注在自我成長，並不太在意粉絲數，但面對不好的數據表現，偶爾還是覺得灰心。

▶ 段落二：努力付出，尋找解答

原本打算停止經營的我，在第 2 年時，決定給自己再拼一次的機會。我花了 1 個月的時間沉澱，觀察數 10 個優秀的帳號怎麼經營，看了 5 本書與 1 套線上課程，重新規劃自己的經營策略，後來在接下來 4 個月，成功經營到 1 萬粉絲。

▶ 段落三：說明結果，未來應用

這段經歷讓我發現，經營自媒體不是只要努力就有結果，還需要找到正確的方法，才能事半功倍。現在作為一個專業的斜槓教練，我致力於幫助想開始斜槓的學生、上班族，能透過自媒體與個人品牌，在網路上獲得機會、提升收入，如果你有這方面的需求，歡迎關注我的社群，或是報名我的線上課程，讓我陪你打造斜槓人生！

✈ 第三種架構：議題評論型

這種架構主要目的在於展現你的思考方式，以及對於特定議題、事件、體驗的觀點和感受。有些品牌在挑選合作對象的時候，會特別注意合作夥伴的言行舉止，是否符合他們的人選標準；粉絲也能夠藉由這類型的內容，更加了解你的為人，提升對你的信任與喜愛。

段落❶：破題觀點，說明切點

開頭點出，本次你要針對哪個議題、哪個事件，提出哪個方向來做討論，最好是你的粉絲也能感同身受、會產生共鳴、想要討論的時事或議題。

段落❷：列出舉例，提出分析

舉出 2～4 個觀點，可以是你自己親身感受後的心得，或

者是蒐集他人的評論，來分析你對這個體驗、事件的看法，亦可進一步加入你贊同／否定／想延伸討論的話題。

段落❸：收斂總結，給予建議

統整你分析後的結果，讓你的粉絲知道，怎麼應用你提出的分析，當作未來行動的參考依據。

往下的範例，是我以「斜槓收入提升後，會不會離開正職？」作為主題，所寫的議題評論文。

▶ 段落一：破題觀點，說明切點

許多人常問我，已經能夠斜槓收入超過 10 萬，會不會想離職？我的答案是：不會。而這個答案，是我基於 3 個面向的深入思考後所做的決定。

▶ 段落二：列出舉例，提出分析

這 3 個面向分別是：職涯發展的長度、人生體驗的寬度，以及收入增長的速度。我認為，保有正職與斜槓的身分，可以讓我快速累積不同面向的多元經歷，幫助我在未來職涯有更多的選擇權；而這些多元經驗，可以讓我比起一般上班族，有更多身分、角度的視野和思考力，成就獨一無二的角色定位，獲得更多合作與收入機會。

▶ 段落三：收斂總結，給予建議

雖然身兼多職，意味著更高的工時、更緊湊的生活節奏，但只要用適合的方法，在我們還年輕的時候勇敢拼搏，時間不會虧待你，我們將能打造出遠超同齡人、更為璀璨的人生成就。

✈ 第四種架構：銷售宣傳型

這種架構主要目的在於引發粉絲對特定問題、情境的重視，隨後引導他們為了解決問題，對你提供的產品和服務，產生好奇、瀏覽、下單等行為，促成銷售發生。

段落❶：點出問題，引起重視

針對粉絲會重視、困擾、疑惑，尚未解決的情境與問題，直白描述出來，通常會直接使用一個問句，強而有力的在首段詢問：「你是否正為……苦惱？」「……問題困擾你已久了嗎？」

段落❷：分析問題，放大情緒

透過邏輯分析，仔細說明為什麼粉絲面臨的這些情境和問題，還遲遲無法得到解決；進而延伸討論，如果不解決，可能會產生什麼更嚴重的問題？如果能順利解決，能帶來多大的好處？透過連結未來的大壞處與大好處，讓現在正閱讀文字的粉絲能產生更強烈的情緒，包含擔憂、恐懼、快樂、期待等等，

目的都是進一步強力勾起粉絲，繼續往下閱讀的欲望。

段落❸：提供解法，詳述特色

仔細介紹你要銷售的產品和服務，可以怎麼樣幫助粉絲解決問題，更重要的是，這些解決方案和其他的競品相比，有哪些更好的體驗與特色。

往下的範例，是我以「推廣我新推出的習慣養成線上課程」作為主題，所寫的銷售宣傳文。

▶ 段落一：點出問題，引起重視

每年規劃了新年新目標，想要養成改變生活的好習慣，例如運動、閱讀，可是卻始終無法成功，讓你對自己失去信心嗎？

▶ 段落二：分析問題，放大情緒

其實，新年目標沒有達成並不可怕，可怕的是你沒有從根本尋找解決方法，幫助自己克服這個問題。如果只是每年得過且過，長期下來會讓你失去持續成長的能力。

根據我超過 5 年的教學經驗，我發現多數人無法如期達成目標，都是因為缺乏一套，能有效自我檢核進度，並持續改善的生活方式。

▶ 段落三：提供解法，詳述特色

這次開設的高效習慣實踐課，將能幫助你掌握養成新習慣、實踐新目標的所有關鍵能力，我會教你使用我獨創的「一週進步法」，讓你可以有意識地過好每一週，高效率地過好你的人生！

上述四大內容架構，是構成我自媒體內容的核心策略，以一個完整的 Instagram 版面共 12 篇文來說，我會建議它們各自所佔的比例為：

知識教學型：33%（4 篇）。
個人故事型：33%（4 篇）。
議題評論型：17%（2 篇）。
銷售宣傳型：17%（2 篇）。

在個人品牌的發展過程中，知識教學型的內容，有利於提供你的價值，建立你的專業感與獲得粉絲對你的信任；個人故事型和議題評論型的內容，能加深粉絲對「你這個人」的了解程度，讓你的特質、願景更加鮮明，創造與他人的差異化，並強化記憶點；而銷售宣傳型的內容，是名利的收割機，合情合理幫助我們摘下，用心澆灌個人品牌後所長出的果實。

然而要特別注意的是，要<mark>避免太過高頻率消費粉絲的注意力和信任</mark>，如果你平常不用心分享好內容，只是一味想透過社群宣傳、銷售你的產品和服務，那麼這些粉絲終究會離你而

去，也會為你的個人品牌染上不好的名聲。

以上就是這個小節的全部內容！最後，來看看我們成型的「個人品牌策略表格」吧！

透過社群媒體經營個人品牌		亨利溫範例
1. 斜槓目標	第一類斜槓收入模式：販售時間或技術	無。初期以第二類為目標，後續才衍生出演講、諮詢、單篇社群業配……等投入時間與技術換取報酬的收入方式。
	第二類斜槓收入模式：販售商品獲利或抽佣	想發展自己的斜槓教育事業，打造能持續販售的課程＆衍生服務，因此先以自媒體建立專業個人品牌。
2. 優勢資源	特質	自律、時間管理的習慣、擅於做計畫並實踐。
	願景	幫助別人更好地斜槓。
	價值	實質價值：對斜槓有幫助的自媒體經營、溝通、時間管理、專案管理、商業運營等技巧。 情緒價值：如何面對挫折、壓力、如何有效自我激勵。 上述的分享，都來自自己大量閱讀、大量實踐後的經驗，既屬於我的專業，也是我有興趣的事情，所以讓我能夠源源不絕地提供內容，是我的優勢資源。
3. 受眾需求	以過去的自己當作受眾	從壞到好、從不熟悉到熟悉、從沒改變到成功改變，做出這些成長的技巧和方法。

（接下頁）

	直接訪問了解 受眾需求	步驟 1. 詢問對方的目標和渴望。 步驟 2. 詢問對方是否滿意目前的進度。 步驟 3. 三面向了解對方的難處和痛點。 步驟 4. 詢問對方為了解決困難，曾經嘗試哪些方法。
4. 四大架構	知識教學型	段落一：創造情境，引動情緒 段落二：提供解答，展現好處 段落三：逐步分析，如何應用
	個人故事型	段落一：展現挫折，引發共鳴 段落二：努力付出，尋找解答 段落三：說明結果，未來應用
	議題評論型	段落一：破題觀點，說明切點 段落二：列出舉例，提出分析 段落三：收斂總結，給予建議
	銷售宣傳型	段落一：點出問題，引起重視 段落二：分析問題，放大情緒 段落三：提供解法，詳述特色

 小練習

請針對這個小節教你的四大寫作架構，試著每種架構各創作一篇文章吧！文章字數不用多，每一篇100～200字就好，重點是透過這個學習、思考與

輸出的過程，讓你能夠融會貫通，把你的特質、願景、價值，藉由創作內容具象化在這個世界上，被其他人看見與信任，踏出經營個人品牌最重要的一步！

第 *4* 章

專案管理 5 步驟，
打造斜槓成功方程式

17 步驟 1：拆解斜槓目標，定義關鍵行動

　　我在 3-3 小節的時候曾經提過，透過社群媒體經營個人品牌的第 1 步，是要先明確你的斜槓目標，因為當你的目標明確後，才能以終為始去設計，你要以什麼樣的形象，被別人看見並信任，從而幫助你更順利製作社群內容。

　　這個邏輯放在斜槓事業本身的發展上，也是相同的。**確定好目標，才能夠拆解需要哪些資源、哪些關鍵行動，達成我們心中想要的結果。**

　　以「明年要出國唸書，想經營代購賺錢」舉例，要達成這個目標，就需要去拆解一些重要的前置任務，包含：

- 研究要用哪個平台，去上架宣傳商品
- 設計收款的模式，方便消費者付款
- 制定代購流程與規範，定義要接受代購的品項

　　其他還有包含：要不要經營自媒體宣傳？每週要投入多少時間推進這個目標？到時候台灣需不需要安排人力協助運營？

　　這麼多的事情，如果缺乏一套「工作與思考的方式」，可

能導致我們在做規劃時，不知道從何開始擬定執行方法，又或者是不小心漏掉關鍵的事項，導致計畫出現紕漏，目標無法如期實踐。

◢ 5 步驟整理思緒，更能系統化執行

我自己無論是在做正職工作，還是規劃斜槓任務，甚至是出國旅行等需要複雜計畫的事情，都會使用我獨創的「**專案管理 5 步驟**」來梳理，確保不會遺漏任何細節，也能幫助我聚焦資源、專注力，把事情快速完成。這 5 步驟分別是：

步驟 1：拆解斜槓目標，定義關鍵行動
步驟 2：盤點現有資源，向外尋求支援
步驟 3：擬訂執行策略，拼湊成功路徑
步驟 4：具體落地行動，強化你的執行力
步驟 5：檢視執行成果，學會復盤優化

在這個小節，我先詳細說明「步驟 1：拆解斜槓目標，定義關鍵行動」。

首先，請你幫我看看以下兩個句子，就你的角度來看，如果要執行這個計畫的是你，你覺得哪一個敘述方式，你會更有信心和把握能夠做到呢？

- 敘述 1：我今年要靠斜槓賺到 100 萬。
- 敘述 2：我今年要靠……

  > 每週更新 2 篇文案撰寫技巧的文章；

  > 花半年累積 50 篇文章之後，推出 1 堂文案寫作課；

  > 在 7 月的時候開始販售，目標在年底能賺到 100 萬。

　　無論「文案技巧」是否是你的專業，單就這兩個敘述來看，第 2 個敘述給出了更明確的關鍵步驟，能讓我們看見成功的路徑。雖然「每週更新 2 篇」、「推出 1 堂課」這些詞，可能會讓你在閱讀時，感受到一些執行上的壓力，但比起第 1 個宏大但空泛的敘述，第 2 個更有落地執行的機會。

　　讓我們再退一步，先不要談論嚴肅的斜槓、變現話題，從一個更日常、你我都有感的舉例：「減肥」，再來感受一次，不同敘述對於你在檢視自己的目標達成能力上，有什麼差異吧！

- 敘述 1：我今年一定要減肥成功（這句話，是許多人新年第一天會立下的目標）。
- 敘述 2：我今年打算透過……

  > 每週運動 2 天，每次 1 小時；

  > 每天飲食控制在 1,800 大卡以內；

  > 每 2 週共消耗＋減少 7,700 大卡，能瘦 1 公斤；經過半年時間，瘦下共 10 公斤，減肥成功！

這次你是否更有感覺了呢？經過詳細的步驟拆解，我們將虛無飄渺的大目標，定義出幾個關鍵的行為，這些行為能讓我們更具體地去檢視與思考，自己需要投入的資源與行動，並知道怎麼去前進，推動目標的實踐。

✈ 先用 OKR 管理，聚焦具體行動

上述舉例的過程，我使用的技巧叫做：**OKR 目標管理法**。「O」是指目標（objectives）、「KR」則是關鍵結果（key results），這是一套起源於 Intel、Google 等國際大公司，在管理內部團隊，推動企業成長的管理工具；我把這個工具結合我的斜槓職涯，替我的斜槓目標拆解出重要的關鍵行動（往下我會使用「關鍵行動」，來代替關鍵結果這個詞，因為我認為語意上更加流暢，同時也能呼應到我專案管理 5 步驟的運作方式）。

這個工具好用之處在於，往往我們喊出的目標，是相當不具體的，比如我在今年給自己的斜槓目標是：「自媒體專業化」，如果沒有為這件事定義關鍵行動，那到了年底時，我無法衡量自己究竟有沒有達成目標，甚至別說是年底，在今年第一個月開始時，我也很難聚焦出，具體該做哪些事，才可以讓自己變專業。

這時候嘗試去思考 KR，就能幫助我們聚焦在具體的行動，只要落實那些結果，就能證明我成功達成目標。舉例來

說，我替「自媒體專業化」這件事，拆解了一些重要的行動，包含：

1. 出書 1 本。
2. 短影片更新 100 則。
3. 推出 1 對 1 自媒體陪跑顧問服務。

這三件事，都不是一個初生之犢的創作者能夠做到的事，背後需要豐富的經驗、技巧、毅力，才能夠做到。換句話說，當我能做到這些事時，我在年底時就可以很自信地說：「我的自媒體更加專業了！」也因為具體列出要做哪些事情，我在一年之間，就可以有計畫地分頭推進，而不會等到年底，剩下幾天就要跨年了，才急急忙忙趕鴨子上架。

補充說明：撰寫此章節的當下是 2024/8/31，經過 8 個月的努力，在上述這三件事情上，我的進度分別是：

1. 出書 1 本：已經確認合作出版社，並完成 7 成進度，撰寫了近 5 萬字的書稿。
2. 短影片更新 100 則：已更新 66 則，讓我的粉絲數從 7.2 萬成長到 9.2 萬。
3. 推出 1 對 1 自媒體陪跑顧問服務：已於 6 月推出，目前收了 15 位學生。

✈ 再用 SMART 原則，強化行動目標

看到這邊，你可能會有一個問題，就是在替目標拆解出關鍵行動時，應該怎麼去制定這些行動呢？這邊建議可以使用一個小技巧，叫做「SMART 原則」。

S：Specific 明確的目標

M：Measurable 可量化、衡量的成果

A：Achievable 可達成的成果

R：Relevant 與目標相關的

T：Time-based 有時效性的

舉例來說，我要在年底出書 1 本，這個關鍵行動是一個明確的目標，而且能產出可被量化的成果，也是屬於常人能達成的結果，更是與我的大目標「自媒體專業化」有所相關，同時兼具時效性，我需要整合時間、人力資源在年底前完成，而非可以拖個 5 年、10 年的事情。

這個技巧不只適用於拆解斜槓目標，你在職涯發展、好習慣養成上，如果有想達成的目標，也都可以善用這個方法！

而在拆解的過程中，還可以應用 **5W1H 分析法**的方式，去思考與定義你的關鍵行動，你可以嘗試問自己，或是找身邊的親友一起討論這些問題：

Who：我需要找誰、找幾個人，才有助於推進斜槓目標？

When：我需要投入多少時間、以多少頻率的方式執行，才有助於推進斜槓目標？

What：我需要具體做到哪些事，才有助於推進斜槓目標？

Where：我需要在哪些地點、場合行動，才有助於推進斜槓目標？

Why：我需要去釐清哪些問題、找到哪些答案，才有助於推進斜槓目標？

How：我需要列出、達成哪些關鍵步驟，才有助於推進斜槓目標？

我在針對「自媒體專業化」這個斜槓目標，定義關鍵行動的時候，主要是以 What 的角度去思考：「我需要具體做到哪些事，才能讓我的自媒體更加專業化？」隨後才列出了出書、短影片、陪跑顧問服務等行動。

最後，讓我們來逐步做出「專案管理執行表格」吧！隨著第四章每個小節的更新，我會幫助你一步一步用表格記下這套方法，未來不論你在思考自己的斜槓目標，或是其他面向的任務，都可以這樣去拆解關鍵行動，逐步實踐！

用專案管理實踐斜槓收入計畫		亨利溫範例
步驟 1：拆解斜槓目標，定義關鍵行動。	以 OKR 方式拆解斜槓目標，用 SMART 原則與 5W1H 分析法，針對目標定義關鍵行動。	O：2024 年自媒體專業化 KR1：出書 1 本 KR2：短影片更新 100 則 KR3：推出 1 對 1 自媒體陪跑顧問服務

 小練習

請試著應用這個小節教你的技巧，拆解你的斜槓賺錢目標，看看有哪些前置、重要的關鍵行動要執行！

18 步驟 2：盤點現有資源，向外尋求支援

完成了最重要的第 1 個步驟：定義關鍵行動之後，接著我們要做的，就是盤點目前手上有多少資源，能夠協助我們去完成關鍵行動，達成目標。

我通常會習慣去盤點 4 種不同屬性的資源，包含：

1. 時間：扣除日常生活所需，我有多少額外的時間，可以執行關鍵行動？

2. 人力：除了我自己之外，還有哪些人力，可以被我用於一起執行關鍵行動？

3. 資金：我有多少預算，可以用於執行關鍵行動？

4. 技能：我有哪些知識和經驗，能用於執行關鍵行動？

經過一輪盤點之後，我還會進一步思考，針對這 4 種屬性的資源，有不足之處時，可以從哪邊找到輔助資源，減低我在行動時可能遭遇的意外與風險。

✈ 分析 4 資源，找出缺口和可能的解方

在 2023 年底，我決定將「出書 1 本」列為 2024 年的重要關鍵行動時，針對這個難度特別高的斜槓專案，我進行了這樣的盤點：

1. 時間：因為平常有正職工作，加上自媒體一週要更新三篇，也有準備講座、製作簡報等任務要進行，所以最多一週只能投入 10 小時在寫書上。另外，因為上半年的商業合作特別多，我只能在 Q2 ～ Q3 之間，大約 6 月之後，才有時間寫書，考量到希望年底能出版，預計給自己 3 個月的撰寫期，所以整個書稿要完成的時間，大約只有 120 小時可以使用。

2. 人力：需要由自己獨立完成撰寫，所幸已經與出版社談成合作，後續會有專業的編輯協助我校稿。

3. 資金：如果自費出版，需要花上數十萬的費用，加上還要去對接設計師、銜接印刷廠、確認印製等流程，非常麻煩，所幸已經與出版社談成合作，因此出書之前，我不需要投入額外的花費，但需要犧牲出書之後的銷售利潤，和出版社做分潤。

4. 技能：過去我有寫過 500 多篇知識貼文的文案寫作力、

邏輯思考力，這些都可以被應用在寫書這個專案上。

你有發現嗎？其實出書這個關鍵行動，是建立在已經有出版社和我合作，這個外部資源的協助下，我才有足夠信心進行的，因為如果只有我自己來做，在人力與資金的投入上太大，而且會有因為相關專業不足所衍生的品質、耗時風險。

所以當你基於斜槓目標，往下定義關鍵行動時，最好的做法，是你已經獲得了一個強力的**外部援助**，再結合你自己的資源去規劃執行策略，如此一來，不僅能降低失敗的風險，還能獲得更好的成果。

當然，即使沒有外部輔助的前提，你依然可以按照你的興趣、志向，規劃想做的事情，不過這時候就要積極思考，在 4 種屬性的資源中，缺少了哪些部分？然後透過上網查資料、詢問身邊人脈，或是任何方法，去補足資源，這是我們在專案管理過程中，重要的第二步驟。

以下舉一個真實案例，讓你體會這一個小節的重要性。

✈ 內部資源 × 外部資源，大幅提高成功率

我在 2024 年 10 月，將主持一場為期 60 天的自媒體變現陪跑營。這種營隊型的變現方式，是透過每週直播，加上私域群組互動，高密度地陪伴學員學習與實作，非常仰賴講師的時間和精力。

我其實在去年就曾想過發展這個商業模式，只是每次走到這個步驟，在分析我的時間＆人力資源時，都會卡關，一來是只有我自己，不足以撐起這個專案；二來是即使知道能夠對外找資源，但要找到能信賴、實力相當、社群影響力同等的創作者，一起加入這個專案，其實也是非常不容易的。

　　所以即使邏輯上知道可行，也確實有來自粉絲端的敲碗和需求，但我一直擱置著這個計畫，因為我知道，如果我不管後果就開始執行，有極高的機率，是我的生活會失去平衡，也無法兼顧好整個陪跑營隊的品質，最後會失去粉絲的信任，釀成極大的災難。

　　直到今年 3 月，我與另一位同樣經營 5 年的創作者好友，亦是我就讀台科大時認識的學妹，在一次深入對談中確認了合作的意願，正式結合兩邊的資源，展開了這個專案。經過長達半年的準備，在 9 月正式開始對外招生，短短一週，已經替我們帶來了 30 萬的斜槓收入。

　　舉這個例子是想讓你知道，針對斜槓目標所展開的關鍵行動，有些適合馬上去做，因為你所具備的資源（包含時間、人力、資金、技能）已經到位，如果又有外部資源的進駐，那可以說成功就是水到渠成；然而，即使想法很棒，你也很有衝勁，但**如果資源上暫時有缺乏，為了降低專案進行時的風險，提高成功率，記得要向外尋求協助，將不足的資源補足**，否則若思考得不夠周全就展開行動，可能會導致後續無窮的麻煩。

　　最後，讓我們總結這個小節的內容，放進「專案管理執行

表格」！

用專案管理實踐斜槓收入計畫		亨利溫範例
步驟 1： 拆解斜槓目標，定義關鍵行動	以 OKR 方式拆解斜槓目標，用 SMART 原則與 5W1H 分析法，針對目標定義關鍵行動。	O：2024 年自媒體專業化 KR1：出書 1 本 KR2：短影片更新 100 則 KR3：推出 1 對 1 自媒體陪跑顧問服務
步驟 2： 盤點現有資源，向外尋求支援	針對 4 種屬性的資源做盤點：時間、人力、資金、技能。	時間：一週 10 小時寫書 人力：自己寫書＋出版社編輯校稿（外部資源） 資金：出版社分攤出版費用（外部資源） 技能：文案寫作力、邏輯思考力

 小練習

請試著應用這個小節所教你的技巧，針對你的關鍵行動，做資源的盤點與梳理吧！

19 步驟 3：擬訂執行策略，拼湊成功路徑

盤點資源之後，緊接著下一步，就是依據現況，去具體分配我們的資源，讓關鍵行動能成功被執行。

為什麼需要這個步驟，而不是捲起袖子直接開始行動呢？

這邊為你舉個例子。

◢ 將關鍵行動「細緻化」

在上個小節中我曾經提到，為了達成寫書這個關鍵行動，經過盤點資源後，我發現自己一週最多只有 10 個小時可以寫書，然而，這還只是很粗糙的一個描述。

因為這 10 個小時，我還沒精細地去說明與分配，是週末兩天投入 10 個小時，還是平日五天投入 1 小時＋週末兩天投入 5 小時，光是這兩個不同的方案，對於我平常一週的活動安排，就會有天差地遠的影響。

如果是前者，把 10 小時都放在週末寫完，那就代表我平日晚上可以輕鬆一點，能安排一些朋友聚餐、看電影放鬆等行程，但相對的，週末時間就比較綁死，無法享受一整天的娛樂

與出遊；而如果是後者，就代表我平日要很嚴苛地管理時間，平常下班運動完，基本上就是寫書，但相對的，週末只要早起一下完成進度，就還有完整的一天可以出遊放鬆。

如果沒有**細緻的規劃**，怎麼運用資源去拼湊出行動的成功路徑，就會導致我們無法擬定出精確的專案與時間管理排程，去在每天的日常生活中，自律、有結構地推進斜槓目標。

往下，讓我為你說明，針對 4 種屬性的資源做盤點之後，該怎麼進一步擬定執行策略。

❶時間策略：分配與節流

因為每個人一天只有 24 小時，無法像管理金錢一樣做到開源，所以如果想在 24 小時的框架中，去做更多事情，實踐多元斜槓收入，就必須**有意識地將時間分配給最重要的事，並透過節流，減少在無意義事項上的浪費。**

以分配來說，我會建議你可以採取一個標準，叫做：**最少90 分鐘承諾。**

也就是針對你的關鍵行動，最少每週要分配 90 分鐘，去推進這件事情。90 分鐘可以是一週某一天的完整時段，也可以分拆成：平日每天 10 分鐘＋週末每天 20 分鐘，這對於有心想完成一件事情的人來說，撥出這樣的空檔，並不是太困難的事情。

當然，如果你有很迫切的動機或是時間壓力，要盡速推進關鍵行動的完成，那麼按照你的狀況去提高投入時間的比例，

也是沒問題。例如我一週 10 小時的寫書計畫，就是 90 分鐘承諾將近 7 倍的投入呢！

再來要跟你分享的，是時間節流。

我推薦你可以做一個練習，就是在**每天的睡前，以一小時為單位，試著記錄你的一天是怎麼度過的**，如果在回憶時發現，有些時間段完全想不起來在做什麼，那你可以先寫下：忘記了，作為代替。

這個練習主要是檢視自己一天中，有多少時間是在做比較沒意義，或是浪費時間的事情（比如滑手機、閒聊、發呆等等），因為這些沒意義的事情，並沒有花費你太高的專注力與精氣神，所以比較難在腦海中留下印象，自然容易被忘記，同時也是可選為時間節流的好對象。

舉例來說，有段時間我發現，我很容易在平日下午 1:00 ～ 2:00 的這個小時，寫上：忘記了、滑手機等紀錄，分析後才意識到，原來那個時間點是我剛吃飽、午睡起來，還有點恍恍惚惚的狀態，因此，為了提升自己的工作效率，我會刻意安排與同事、合作夥伴的會議在下午 1:00，透過外部刺激來讓自己保持清醒，這樣做的好處是，我能更準時完成下午的工作，準時下班，而不會因為容易浪費掉的那一個小時，延誤下班時間，導致我後面接續的斜槓任務遭受影響。

2 人力策略：開源與節流

開源所指的意思是，你可以**檢視自己安排的關鍵行動，有**

沒有機會找到外部資源，來提供自己技術、經驗、情感上的協助，就像我在上個小節提到，出版社的專業編輯，就屬於我在寫書這個關鍵行動上，開源獲得的人力資源。

常見的人力開源還有像是：找職場前輩詢問專案的做法；找考上國考的同學詢問考試技巧；找專業的商業顧問指點自媒體事業發展策略。除了這些方法，還有一個我大力推薦你去使用的方式，叫做：**找志同道合的朋友，一起組成共學小組**。

這個共學小組，雖然名稱上有學這個字，但其實可以套用在任何你想穩定執行的行動上，例如：你想穩定產出自媒體文章，達成靠自媒體增加收入的斜槓目標；你想每天學習英文，讓自己考到托福高分，順利到國外留學，並展開跨國代購的斜槓事業。

透過共學小組，組織有相同目標，想在同樣的關鍵行動上前進的人，彼此鼓勵，一起努力，能創造一個心理學上的現象，叫做「科勒效應」。

科勒效應指的是，人們聚在一起時，基於比較心態，會使人不想成為團隊中，表現最差的一分子，因此在同伴持續前進的正面激勵，以及不想成為墊底的恐懼、害怕等負面情緒中，人們往往會比獨自一人時更加努力，也更能自律地去執行計畫好的任務。

我自己在安排斜槓計畫時，也會在我的社群中，對自己施展「科勒效應」。比如我在今年 9/1 時，公然開始在群組中宣布我的每日打卡計畫，希望自己在戒糖、創作、投資上，能有

穩定的產出與進度（請見下圖）。

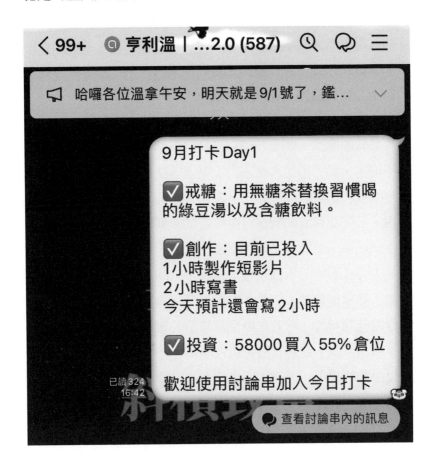

除了科勒效應，我的這個行為，其實還呼應到另一個心理學上的現象，叫做「承諾一致性原理」。這個原理的原意是指，人一般對於自己做出的承諾，會有非常高度的認同感，因此有時候明知道這個承諾是錯誤的，但為了不否定過去的自己，所

以還是會讓自己的言行，與自己的承諾保持一致。

我將這個原理進一步應用成：**在公開的社群平台，告知大家我打算要做到的事情，隨後利用這種心理狀態（我不想否定過去的自己，也不想被認為是言而無信的人），激發自己強大的意志力和行動力，去完成承諾。**

上述分享的方法，真的非常、非常好用，因為很多時候，對於要做的事情，如果我們只是私底下講講，那很容易因為計畫不縝密、動力不足、意志力不堅定等諸多原因，而沒有一個強烈的動機驅使我們去執行。透過人力開源策略，去組建共學小組，公開要達成的關鍵行動，啟動「科勒效應」與「承諾一致性原理」，就能給予我們更多的動機，去實踐計畫。

人力資源的另一個策略：節流，指的是**當你要推進的關鍵行動，非常仰賴個人的投入時，那麼就需要很有意識的，去避免你的時間精力，花費在與目標無關的事情上。**

舉例來說，雖然在寫書這件事情上，有出版社的專業編輯可以協助我校稿，但書稿的本體，還是得靠我自己一字一句的落地完成，因此從今年 6 月開始，我就盡量排開任何純娛樂、無特別社交意義的活動，避免我花費太多精力，導致無法專注、如期完成進度。

3 資金策略：提高盈虧比

通常大家聽到資金策略，下意識會聯想到我們在理財上常說的開源和節流，然而在這裡，我有一些不同的看法。

對我來說，要為了完成關鍵行動所投入的資金，其實就是一種投資，投資自己，投資未來，因此經過了盤點資源階段，我知道我有多少資金可用，甚至也評估了有多少外部資源可以加入後，決定我怎麼應用這筆資金的策略，我會使用：「盈虧比」來做決策。

盈虧比是一個在金融市場中爭戰的投資人，為了能順利長期獲利而需要具備的觀念，它的計算公式是，**每一筆投入的金額，能為我們帶來的總獲利／會帶來的總虧損**。

舉例來說，今天我投入 200 元，最高可以為我帶來 100 元的利潤，而失敗將為我帶來 50 元的虧損，所以這是一筆盈虧比：100／50=2 的交易，這其實也反映出了，我們在投資、追逐獲利時所需承擔的風險。

想提高盈虧比有兩種方法，一種是提高成功時能獲得的總利潤，另一種，則是降低每筆交易會帶來的虧損。一般來說，在投資市場上，投資人會**盡量選擇做盈虧比 1.5 ～ 2 以上的交易**，也就是成功賺錢時，能獲得比失敗虧錢時，還多 1.5 ～ 2 倍的報酬，如此長期下來，我們才能做到真正的大賺小賠，持續讓財富順利累積。

簡單了解盈虧比的概念後，你可能會想，這跟我們在推進關鍵行動上，有什麼關係呢？

我自己的應用方式是，在檢視盈虧比中「獲利」這個部分時，我通常看中的不只是完成行動後，所能帶來的金錢收入，隨之而來的成就感、正面名聲、個人作品集等，一些難以清晰

數字化，但同樣很有價值的回饋，也會被我一並評估進去。透過這個方法，能讓我做每一件事情的盈虧比都提高很多，只要願意行動，我都能有大把的收穫。

舉個例子，前述我曾提過，2024 年我正式和台科大的學妹，合開了專為自媒體經營者規劃的變現陪跑營。在評估這個專案的資金盈虧比時，我判斷初期的投入成本約 3 萬元台幣（這包含了活動銷售頁的設計、課程使用的平台與線上軟體等，但不包含我們雙方要投入的時間和精力），如果想要打平這個數字，我們最少要收到 4 位學生，其產生的稅後營收，才能讓我們不賺不賠。

不過，由於我們雙方都是有約 10 萬粉絲追蹤的自媒體經營者，加上過往我們已經各自累積了 3,000 ～ 4,000 名的付費學員，所以再怎樣悲觀地去預估銷售狀況，我們都很有自信，至少在這個陪跑營專案上，會有 10 位學生加入。

了解這個前情提要後，讓我們來看看這個專案的盈虧比：

- 保守估計獲利＝最少 10 位學生加入＝稅後營收：7.5 萬台幣。
- 如果沒招到學生，最多虧掉的成本＝只算上資金的投入，不計算時間成本＝ 3 萬台幣。

所以盈虧比是：7.5 ／ 3 ＝ 2.5，還算不錯！
而為了提高這個專案所能帶來的效益，我還會將推出這個

變現陪跑營，中間我能創造的影響力、累積的經驗、產生的作品、幫助到的學員，替這些事情很主觀地標上一個價值，然後投入進去一起評估，確保再怎麼悲觀的狀況下，我都還能從中獲得很多面向的好處。

所以，小小總結一下，在資金策略的規劃上，建議你從盈虧比的角度去思考，你的關鍵行動在推進時，**如何藉由提高成功時能獲得的好處，或是減少失敗時會產生的虧損，來提高你的盈虧比**。然後要特別注意，如果做這件事情，虧錢的金額與風險，遠大過於成功時的效益，那麼或許現在不是去做這件事情的最好時機，你可以選擇先暫緩這個行動，或是引入其他的外部資源來做調整。

這邊額外補充，為什麼許多創業家，在把想法落地的過程中，會很積極地去找各大投資人募資呢？除了有時候是因為手上真的沒有足夠的資金，提高盈虧比也是一個很關鍵的因素。因為通常募資拿到的錢，創業家虧完之後是不需要還的，雖然與之交換的就是，成功創業的利潤有很大一部分要分配給投資人，但至少有一筆資金可以使用，且不用擔心虧光後所衍生的負債，這可以讓創業家更安心在自己的事業上衝刺。

還是有點不理解的話，這邊我舉個例子：

假設我創業投入了 50 元的本金，有機會為我賺到 100 元，失敗則虧光，這是一個盈虧比＝ 100 ／ 50 ＝ 2 的方案。

但因為我手上沒有 50 元，只有少少的 5 元，我透過犧牲未來 6 成的利潤，去找到投資人投資我 45 元，開啟這個創業，

於是：（100 − 60 = 40）／（50 − 45 = 5）= 40／5 = 8，盈虧比直接從 2 變成 8，漲了 4 倍！

如果我選擇跟銀行借錢，湊到 50 元，自己去拼這個有機會賺 100 元的事業，失敗後要去還 45 元的負債。

但因為我選擇跟投資人募資，湊到 50 元，失敗後只會虧損自己的 5 元本金，但成功後我還能賺到 100 元扣掉分給投資人 60 元後，剩下的 40 元，所以計算出盈虧比才會是：40／5 = 8。

希望這個舉例能讓你對資金策略的規劃，有一些新的啟發！

４ 技能策略：外包或自學

最後，我們來到 4 大屬性資源的最後一個：技能。在針對技能展開的策略上，我們可以使用：外包或自學。

以前剛開始經營自媒體時，我是一個凡事都親力親為，自己作主的人。從圖文的內容企劃、文字撰寫，到設計製圖，一手包辦！

然而，隨著我的自媒體變現服務越來越多元，我漸漸無法親自處理所有事情的每個環節，所以我開始思考，我能不能將一些做起來特別花時間，而成果又不是特別好的事情，外包給專家來做呢？

後來我選定的事情，是「設計」。

經過計算，過往我在設計一個服務的銷售頁時，最少需要

投入約 5 ～ 10 小時的時間，而做出來的成品，雖然算是清晰可看，但無法跟真正有美感的設計師相比。

所以，現在為了提高時間運用效率，我會用幾千～數萬元的價格，去外包一些重要的銷售頁、網站給設計師，請他們協助處理。雖然為此我付出了金錢，但我換到了非常專業的技能，去協助提高成品的品質，而且更快樂的是，我因為外包而省下的時間，還能拿來休息、放鬆，或是做我更擅長的事情，把付出的金錢從別的地方賺回來。

再舉個例子，我有一位創作者好友，平常她自己拍攝、剪輯的短影片，能夠跟合作廠商收費 3 萬元台幣，但後來她發現，只要她花 1 萬元的成本，去找專業的攝影師，協助她拍攝與剪輯，產出的短影片因為品質大提升，有廠商願意花 5 萬元進行合作，也就是說，扣掉 1 萬元的攝影師成本後，她不僅能多賺 1 萬，還省下了以前自己拍攝與剪輯的勞心勞力！

你發現了嗎？**外包的本質，就是買其他人的時間和技能，去為自己創造更多的效益**。也許對剛開始斜槓的你來說，都還沒賺到錢，居然就要考慮花錢外包的事情，是有點抗拒、不舒服的，但提早建立好這個觀念，未來當你在事業的運轉碰上瓶頸時，就不會只能硬著頭皮前進，而是知道能透過外包，幫助你更輕鬆、更有效率地解決問題。

除了外包，如果在推進關鍵行動上，我們有技能方面的不足，可以用自學來彌補嗎？答案當然是可以的。

5 年前我開始經營自媒體，並把這件事情作為斜槓事業發

展時，我的寫作能力、思考能力、內容行銷能力，其實遠不如現在成熟。但在這 5 年期間，我一共累積了：

- 學習 3 堂與文案、行銷有關的線上課程。
- 閱讀 100 本與自我成長、自媒體經營、思考策略有關的書籍。
- 撰寫超過 500 篇與斜槓、行銷、理財有關的文章。

透過大量且持續的輸入學習＆輸出寫作，並結合每次粉絲閱讀後的回饋做修正，讓我在「自媒體斜槓」這個事業中所需要的關鍵技能，得到大幅的提升，奠定了我持續向上發展的基礎。

因此我會建議，如果你有心想透過自學這個策略，來精進技能，最有效的方式就是「**學習與輸出並重**」，確保在每次學習後，透過筆記本記下你的收穫和反思，同時也可以利用以下這 3 種方法，練習輸出你的所學：

- 舉辦讀書會，試著演說你的所學給其他人聽，並一起討論交流。
- 撰寫有結構性的文章，包含部落格、社群貼文等，嘗試思考並重新組織你的所學。
- 實際挑選一個專案，把你學到的技巧、觀念套入進去，邊學邊應用。

只要按照這樣的方式，你將能穩健、持續的進步，獲得足以推進關鍵行動的專業能力！

以上就是這個小節的內容，我也替你摘要重點，放入我們的表格中。

用專案管理實踐斜槓收入計畫		亨利溫範例
步驟 1：拆解斜槓目標，定義關鍵行動	以 OKR 方式拆解斜槓目標，用 SMART 原則與 5W1H 分析法，針對目標定義關鍵行動。	O：2024 年自媒體專業化 KR1：出書 1 本 KR2：短影片更新 100 則 KR3：推出 1 對 1 自媒體陪跑顧問服務
步驟 2：盤點現有資源，向外尋求支援	針對 4 種屬性的資源做盤點：時間、人力、資金、技能	時間：一週 10 小時寫書 人力：自己寫書＋出版社編輯校稿（外部資源） 資金：出版社分攤出版費用（外部資源） 技能：文案寫作力、邏輯思考力
步驟 3：擬訂執行策略，拼湊成功路徑	不同屬性的資源，有對應可施展的策略。 時間：分配與節流 人力：開源與節流 資金：提高盈虧比	時間：每週平均分配，最少 90 分鐘承諾。 以一小時為單位記錄，節省容易浪費的時間。 人力：組共學小組，激發科勒效應與承諾一致性原理。 守護個人時間精力用於寫書，減少無意義的社交活動。 資金：引入外部資源，降低風

（接下頁）

	技能： 外包或自學	險，提高製作自媒體變現陪跑營的盈虧比。 技能：外包設計需求，透過大量輸入與輸出，自學寫作、邏輯思考、內容行銷能力。

> 📝 **小練習**
>
> ---
>
> 請試著應用這個小節所教你的技巧，針對你的資源，規劃能完成關鍵行動的策略吧！

20 步驟 4：具體落地行動，強化你的執行力

接續我們在上個小節所擬定的策略，接下來，就是把策略落地執行，完成關鍵行動了！

在這裡，我想分成兩大技巧，來教你如何強化自己的執行力，確保我們能穩定、持續的行動。

✈ 第 1 個技巧：預排行事曆，打造你的未來人生契約

在這邊想先請教你一個問題。

假設今天你有一個非常重要的碰面，是要與你心儀的對象，進行交往後的第一次約會，你會怎麼看待這件事情？

想必應該是非常緊張又快樂的，提早把這天空出時間，確保自己不會被打擾，而且還會很有儀式感的，記錄在你的實體手帳或是電子行事曆上，提醒自己絕對不能忘記和遲到。

那麼，我們再來思考看看，假如你從今天開始，對待那些要推進的關鍵行動，能夠像對待一場約會一樣重視，仔細把它們歸類進行事曆中，提醒自己要準時執行、不能遲到，且不容

其他事情打斷⋯⋯這樣的生活經過幾個月後，你能完成多少事情？變得多麼厲害？

「很多時候，我們不是沒有時間，而是沒有為那些重要的事情空出時間。」

這句話，是我斜槓這 5 年期間最深的感悟，也是很多學員來問我，如何不被生活瑣事打擾，有紀律地推進行動時，我告訴他們的答案。

至於我是如何為重要的事情空出時間的，先讓你看看我的行事曆吧！

這是我節錄 2024 年 8/19 ～ 8/25 的一週生活，排除平日五天的正職時間後，我會為早上、中午、晚上，以及週末的空檔時間，安排運動、學習、斜槓的工作事項。

而我透過行事曆安排行程的方式，總共有 3 步驟。

步驟❶：以季為單位

先設定這一季要全力投入的大專案，並把這個大專案拆分出來的小任務，安排在預計要執行的時間中。舉例：2024 年 Q3 的 7 ～ 9 月，是我的全力寫書月，我把本來早上用來運動的時間，全部留給寫書，確保我能夠在一天最不會被打擾的時候，安靜、專注地投入 1 ～ 2 個小時，去推進這個最重要的事情。

步驟❷：以月為單位

去替重要的任務安排時間。舉例：我每個月會有許多不同的商業合作，包含社群貼文曝光，演講邀約、節目訪談等等，這些合作雖然不見得是我當年度最重要的斜槓目標，但仍然是維持我收入不可或缺的運營事項，因此需要被空出時間完成。

另外，我除了會在每月月初安排當月的任務之外，也會預先安排下個月的部分任務，確保可以提前掌控自己的斜槓工作密度，避免每月過勞，深陷於工作風暴之中而不自知。

步驟❸：以週為單位

精細規劃每週要做的事情。舉例：我通常會在一週的週日，檢視這個禮拜我的各項表現如何，包含安排的斜槓任務是否有順利推進、有沒有哪些事項出現瓶頸，需要改變工作方式來應對……，完成檢視之後，再去安排下週要做的事情，並基於這個禮拜的表現，調整一些工作方式，確保我每個禮拜都可以維持高效的行動力（關於我是如何檢視成果，復盤優化，在下個小節會有更完整的教學！）

以上就是我用行事曆安排行程的方式，我也稱這個過程叫做「**打造你的未來人生契約**」。

為什麼這麼說？因為這些待辦事項，正是能讓我們成長、蛻變的契約，只要在約定的時間完成這些任務，我們就能收穫各式各樣的獎勵，包含內心的滿足、技巧的成熟、收入的提升……；反過來說，要是我們違約了，沒有完成任何約定事項，表面上我們不會獲得懲罰，但實際上，我們又虛度了一段光陰，又錯過了一次自我成長、斜槓致富的契機，**這些都是隱藏的成本，也是沒有遵守未來契約的代價。**

希望這個分享對於提升你的行動力有幫助。再來，讓我們往下看看第二個技巧。

◢ 第 2 個技巧：設計獎懲機制，為行動賦予更多誘因

還記得小時候，媽媽為了激勵我好好學習，完成學校作業，她都會跟我說：「只要吃完晚餐後，花兩個小時認真寫完功課，就可以在睡前玩半個小時的電腦。」

當時為了能夠上蕃薯藤去養我的小蕃薯（不曉得讀者們有沒有人知道這個遊戲 XD），我會超專心快速寫完作業，甚至還會跟我媽爭取 Bonus，希望可以透過提早半小時完成功課，讓我再多玩一點。

這種透過設計獎勵機制，激發人產生行動的方式，不僅適用小孩子，長大後的我們施展起來，也非常有效。

以下和你分享 3 個實用的小公式，讓你可以快速感受到這個技巧的美好。

公式**1**：我在完成　　（任務）　　之後，就可以獲得　　（獎勵）

完成一件你替自己設定的任務之後，給自己一個獎勵，自我犒賞。例如：只要我早上 5:30 起床，完成寫書 3,000 字的任務，就可以買一杯手搖飲。

這邊我們也可以用「集點卡」的方式，為連續的行為，設計一個最終大獎。例如：只要我連續 30 天都有運動，就可以

買一台新手機。

獎勵的種類，不限於物質，只要能讓你開心、舒服，被你定義為享樂、放鬆的事情，都可以算是獎勵。因此像是：多睡30 分鐘、去看一場電影、去逛動物園、看一場展覽、放空聽歌 1 個小時，這些都沒問題！

公式❷：如果我沒有完成 　　　（任務）　　　，我就要被 　　（處罰）

如果你認為，獎勵的方式不足以驅動你產生行動，偶爾試試看「設計懲罰」，也是很有效的做法。具體來說就是，當你沒有完成預定的任務時，替自己施加一個懲罰。

心理學上有一個研究是，人們對於損失所產生的負面感受，是獲得好處時所產生的正面感受的 2.5 倍，還設計了一個名詞稱呼這樣的現象，叫做：**損失趨避**（Loss aversion），這一點，我們在第一章也曾提過。

換句話說，今天你因為做一件事情，虧損 100 元和賺到250 元，感受上是差不多強烈的，也因為這個狀況，人們在面對未來時，會更願意為了避免損失而行動，讓自己遠離那種失去、受傷、被剝奪的難受狀態。

好好利用這個心理機制，去主動設計懲罰，就是我們接下來要做的事情。

例如：我因為很想戒掉亂吃零食的壞習慣，我在上班時會跟周遭同事說：只要看到我吃零食，就給你們 1,000 元！（失

去錢往往是最為強烈的懲罰之一），既然誇下海口，為了我的面子和不想輸錢的動機，我就會好好落實這件事，乖乖不亂吃零食。

同樣的，我也把這個技巧應用在寫書上。我和女朋友說，為了能夠在 3 個月順利寫完 7 ～ 8 萬字的書稿，我必須要做到每天寫 1,000 字，要是沒做到，就給她 1,000 元！

因為我是對錢很敏感的人，所以我會習慣拿錢當作對自己的犒賞或是懲罰，你在使用這個技巧時，不一定要把錢當作懲罰，可以是：不能喝手搖飲料、週末放假不能出去玩、晚上回家不能看劇等等，只要是會讓你有點難受、不希望失去的事情，都可以設定為懲罰。

公式❸：我會找 　　（親朋好友）　　 擔任監督者，督促我的行動

找一個人擔任監督者，和你一起見證你在公式 1 和公式 2 列下的條件。

為了確保我們能依照自己設計的獎懲制度展開行動，我很推薦你把公式告訴周遭的親朋好友，甚至找特定一位或多位親友，擔任監督你每天行動狀況的監察官。就像我會跟我的同事們說：「只要看到我吃零食，就給你們 1,000 元！」一樣。

要是沒有這個步驟，我有很高的機率，忍耐幾天不吃零食後就破功，哪怕我心中有設計一些處罰機制，在破功的當下我也會想：「反正又沒人知道我需要被懲罰，所以這次不算」，

然後帶著僥倖的心態，成為欲望的奴隸，做著我該戒掉，卻又沒有忍住的事情。

而且尋找監督者，也能更好地發揮我在上個小節和你提到的「承諾一致性原理」，如果你的同伴願意和你一起參與你的計畫，那麼又能發揮「科勒效應」，**在彼此鼓勵、監督、較勁的過程中，發揮極大的行動力，推進關鍵行動的完成。**

最後，讓我們整體看看，這 3 個公式如何變成一段完整的，有利於你提升行動力的敘述。

公式 1：我在完成_____（任務）_____之後，就可以獲得_____（獎勵）_____

公式 2：如果我沒有完成_____（任務）_____，我就要被_____（處罰）_____

公式 3：我會找_____（親朋好友）_____擔任監督者，督促我的行動

以上就是這個小節的內容，讓我們再來把新學到的技巧，加入表格中！

用專案管理實踐斜槓收入計畫		亨利溫範例
步驟 1： 拆解斜槓目標，定義關鍵行動	以 OKR 方式拆解斜槓目標，用 SMART 原則與 5W1H 分析法，針對目標定義關鍵行動。	O：2024 年自媒體專業化 KR1：出書 1 本 KR2：短影片更新 100 則 KR3：推出 1 對 1 自媒體陪跑顧問服務
步驟 2： 盤點現有資源，向外尋求支援	針對 4 種屬性的資源做盤點：時間、人力、資金、技能。	時間：一週 10 小時寫書 人力：自己寫書＋出版社編輯校稿（外部資源） 資金：出版社分攤出版費用（外部資源） 技能：文案寫作力、邏輯思考力
步驟 3： 擬訂執行策略，拼湊成功路徑	不同屬性的資源，有對應可施展的策略。 時間： 分配與節流 人力： 開源與節流 資金： 提高盈虧比 技能： 外包或自學	時間：每週平均分配，最少 90 分鐘承諾。 以一小時為單位記錄，節省容易浪費的時間。 人力：組共學小組，激發科勒效應與承諾一致性原理。 守護個人時間精力用於寫書，減少無意義的社交活動。 資金：引入外部資源，降低風險，提高製作自媒體變現陪跑營的盈虧比。 技能：外包設計需求，透過大量輸入與輸出，自學寫作、邏輯思考、內容行銷能力。

（接下頁）

步驟 4：具體落地行動，強化你的執行力	技巧 1. 預排行事曆 技巧 2. 設計獎懲機制	預排行事曆的技巧： 1. 以季為單位，將大專案拆解成小任務，分散安排。 2. 以月為單位，替當月與下個月的重要任務安排時間。 3. 以週為單位，每週日精細規劃下週要做的事情。 設計獎懲機制的技巧： 1. 完成任務，獲得獎勵。 2. 沒完成任務，接受懲罰。 3. 找親朋好友擔任監督者。

 小練習

請試著應用這個小節所教你的技巧，先以一週為單位，把你的關鍵行動拆解成能每日推進的小任務，放進你的行事曆中吧！

21 步驟 5：檢視執行成果，學會復盤優化

　　復盤這個詞，源於軍事領域的概念，最初是指戰爭結束後，將軍或是指揮官，對於戰爭的過程進行**回顧、分析和總結，找出下次可以優化的地方**，從而提高指揮軍隊作戰的能力。

　　後來，復盤逐漸被應用於企業、學習和個人成長等領域，成為一種重要方法，幫助我們追蹤進度、管理目標、優化執行方式。

　　對我來說，**復盤的重要性是高過於行動的**，原因是，如果我沒有養成習慣檢視我的執行成果，找出做不好的地方並優化調整，那就代表我下一次投入的時間和精力，極有可能會再遇上相同的問題，導致成效不彰，最後落入了「事倍功半」的低效率循環。

　　愛因斯坦曾說過：「什麼叫瘋子，就是重複做同樣的事情，還期待會出現不同的結果。」如果你和我一樣，在實踐自我成長、創造斜槓收入的道路上，不希望成為只會悶著頭行動，不知變通，無法持續進步的瘋子，那麼就跟著我一起學習，超實用的 2 大復盤技巧吧！

✈ 第 1 個技巧：KPT 復盤法

剛出社會的時候，我曾經想要好好寫下我的工作復盤，讓自己能快速上手，適應工作環境。然而，因為當時沒有學習一些結構化寫作的方法，導致我的紀錄偏向流水帳，事後回顧起來，發現內容結構零散、品質不一，很難歸類出我到底哪邊做不好，進而精煉出優化方向。

舉例：我曾經在某天寫下了：「我今天專案表現不好被罵，下次要努力」這樣的句子。乍看之下好像是個上進青年，懂得自我反思，然而過了幾個禮拜後，當我回頭看這個句子時，已經有點想不起來，當時是因為什麼問題而寫下這句話，雖然事後還是有想起原因，但中間又花上了好幾十分鐘，去翻閱一些對話紀錄與其他的筆記，整體相當花費時間。

後來，我學會了 KPT 復盤法這個簡單好用，又形式具體的方式，這個方式把一整天的回顧，拆解成了三個區塊，分別是：

Keep 保持：做得好要繼續保持的地方。
Problem 問題：遇到問題出現卡關的地方。
Try 嘗試：下一次行動要嘗試哪些優化方式。

我習慣用 KPT 的方式，**每天晚上睡前檢視一天為關鍵行動努力的結果，找出不足的部分給予優化。**以前面提到的「寫書」關鍵行動做舉例：

保持：今日成功在下班回到家後，寫書 30 分鐘！

問題：原本預計要寫 1 個小時，但是很難定下心來專注，花了半小時做雜事分心。

嘗試：晚上寫書可能太累了，決定明天改到早上一起床，出門上班前寫，比較看看效率是否能夠提升。

這邊補充一下，針對 Try，也就是下一次行動要嘗試哪些優化方式，我們可以從 3 個面向著手進行：

❶針對「時數」做優化

例如，你本來安排一次要運動一小時，如果沒順利做到，可以先減少成 10 分鐘，透過減少每次投入的時間長度，把關鍵行動縮小成「**超迷你的關鍵行動**」，讓自己能順利開始，再隨著行動次數的增加，逐步加長時數。

❷針對「時間點」做優化

每一個人保持專注、高效的時間點都不一樣。例如，我曾嘗試過早起運動，卻發現這樣做會讓我早上工作很疲累、想睡覺，所以我調整成下班後進行；我也曾試過在下班後的晚上、

深夜熬夜、清晨早起、中午休息時間去製作社群貼文，看看我在哪個時間點製作內容最有效率。

推薦你**透過轉換不同的時間點，找到最適合推進關鍵行動的時刻，並以此養成習慣**，長期下來，就能越來越有效率完成待辦事項！

❸針對「方式」做優化

做一件事有很多不同的方式，以我之前養成運動習慣來說，運動又可以分為：室內、室外、自己做重訓、參加多人團班課。經過多種方式的嘗試後，我發現我很討厭一個人做運動，但很享受和很多人一起打拳擊、做有氧活動的氣氛，當自己覺得很累，快要撐不下去的時候，看著身旁的人依然鬥志滿滿的揮舞著拳頭，又會讓我燃起一絲動力堅持下去！所以，後來我就透過參加健身房團體課的方式，慢慢養成一週運動 3 天的好習慣。

✦ 第 2 個技巧：FERA 復盤法

這個復盤法是我整合了曾閱讀過的專案管理、行為管理、自律與復盤主題的書籍，以及我自身自律斜槓的經驗，獨創出來的一個更進階的復盤技巧。這個技巧比 KPT 多了一個步驟，需要花較多的時間思考與撰寫，但可以更精準深入到你的回憶和情緒，從中精煉出對未來成長非常重要的洞察。

FERA 分別是由這四個步驟組成：

Fact 事實：描述今日發生，讓你最有感的特定事件。
Emotion 情緒：這個事件對你的感受是什麼。
Reflection 反思：從這個事件中獲得什麼啟發。
Action 行動：明天開始要怎麼行動創造優化。

舉例來說，我今天早上成功 5:30 起床，寫書寫了 3 個小時到 8:30，接著出門上班。以這個事件來做 FERA 復盤的話，我會這樣寫：

事實：今日成功早起寫書 3 小時，順利推進我的關鍵行動。
情緒：自信，如實完成計畫中要做的事情，讓我覺得自己充滿力量。
反思：我要在生活中，多創造這樣的正面感受。
行動：檢視看看，過往有哪些關鍵行動沒有被順利執行，簡化難度，重新安排進每日任務中，讓自己先體驗完成的感受，創造自信！

透過每天一則這樣的回顧，可以深度分析我們一天的情緒和能量狀態，從中找到那些對我們生活有重大影響的事件和理由，並做到**簡化負面的體驗，強化正面的體驗，為自己打造不斷成長的正面循環。**

再舉一個例子，當我感受到情緒低落，腦袋充斥負面想法的時候，我也會先靜一靜，透過 FERA 復盤法幫自己分析，嘗試找出是什麼問題導致自己的低谷狀態。

事實：這個月接了太多演講合作，結果忙到沒時間好好睡覺，讓我覺得精神狀況不太好。

情緒：厭惡，本來喜歡的事情，一下子處理太多，導致我在準備演講上過度消耗，開始對演講感到厭惡。

反思：要守護好自己的健康與能量狀態，未來應該將每月的演講次數控制在 3 場以內，才不會導致類似的情況發生。

行動：先針對平常會出現的演講邀約，分類並定義不同的價值，未來出現低價值的演講邀約時，要勇敢拒絕。

希望上述這兩個舉例，能讓你更清楚如何利用 FERA 幫自己做復盤！也恭喜你完成了專案管理五步驟的全數章節，我們來將這個小節的知識點融合進表格中，看看成型的「專案管理執行表格」吧！

用專案管理實踐斜槓收入計畫		亨利溫範例
步驟 1：拆解斜槓目標，定義關鍵行動	以 OKR 方式拆解斜槓目標，用 SMART 原則與 5W1H 分析法，針對目標定義關鍵行動。	O：2024 年自媒體專業化 KR1：出書 1 本 KR2：短影片更新 100 則 KR3：推出 1 對 1 自媒體陪跑顧問服務

（接下頁）

步驟 2：盤點現有資源，向外尋求支援	針對 4 種屬性的資源做盤點：時間、人力、資金、技能。	時間：一週 10 小時寫書 人力：自己寫書＋出版社編輯校稿（外部資源） 資金：出版社分攤出版費用（外部資源） 技能：文案寫作力、邏輯思考力
步驟 3：擬訂執行策略，拼湊成功路徑	不同屬性的資源，有對應可施展的策略。 時間： 分配與節流 人力： 開源與節流 資金： 提高盈虧比 技能： 外包或自學	時間：每週平均分配，最少90 分鐘承諾。 以一小時為單位記錄，節省容易浪費的時間。 人力：組共學小組，激發科勒效應與承諾一致性原理。 守護個人時間精力用於寫書，減少無意義的社交活動。 資金：引入外部資源，降低風險，提高製作自媒體變現陪跑營的盈虧比。 技能：外包設計需求，透過大量輸入與輸出，自學寫作、邏輯思考、內容行銷能力。
步驟 4：具體落地行動，強化你的執行力	技巧 1. 預排行事曆 技巧 2. 設計獎懲機制	預排行事曆的技巧： 1. 以季為單位，將大專案拆解成小任務，分散安排。 2. 以月為單位，替當月與下個月的重要任務安排時間。 3. 以週為單位，每週日精細規劃下週要做的事情。 設計獎懲機制的技巧： 1. 完成任務，獲得獎勵。 2. 沒完成任務，接受懲罰。 3. 找親朋好友擔任監督者。

| 步驟 5：檢視執行成果，學會復盤優化 | 技巧 1. KPT 復盤法
技巧 2. FERA 復盤法 | KPT 復盤法，快速針對一段時間的表現，或是單一事件的推進成果，找出問題卡關點，做復盤優化：
保持：今日成功在下班回到家後，寫書 30 分鐘！
問題：原本預計是要寫 1 個小時，只寫 30 分鐘。
嘗試：晚上寫太疲倦了，改成明天早上寫試試看。

FERA 復盤法，深入針對單一事件做反思，提煉對於自我認知的洞察，用於優化未來行動：
事實：今日成功早起寫書 3 小時。
情緒：完成計畫要做的事，讓我覺得自信。
反思：想在生活中，多創造這樣的正面感受。
行動：簡化未來行動的難度，讓自己能不斷體驗從計畫到實際完成的感受，為自己創造自信！ |

 小練習

請試著應用這個小節所教你的技巧，挑選一種復盤方法，替今天發生的事情做一個復盤練習吧！希望能夠幫助你順利使用復盤技巧，成為更厲害的自己！

\ 第 **5** 章 /

從 0 打造
高效斜槓生活

22 斜槓致富的起點，從這樣規劃 24 小時開始

「亨利老師，請問你如何在有正職的情況下，發展如此高產出的斜槓呢？」這個問題，可說是我的粉絲最常對我提出的疑惑。

同樣身為上班族，我完全能夠理解，下班後拖著疲憊的身體到家，還要再展開另一份事業的辛苦，我自己也是花費了數年的時間，才慢慢找到正職與斜槓的平衡方式，並有效善用我的 24 小時，來打造讓兩邊事業都能穩健成長的正面循環。

往下，我會和你分享我在平日與假日的 24 小時規劃，並透過我的實際狀況，精煉出能夠讓你套用的底層邏輯，希望能幫助你打造出屬於你的版本！

✈ 平日的時間規劃

● 早上 6:30 ～ 8:30，我會安排 2 個小時的時間用於創作。這段早起的時光，是最沒有訊息、庶務干擾的時刻，我可以好好完成一篇商業合作貼文，或是推進約 2,000 字的寫書進度。每當完成時，我會有一種暢快淋漓的成就感，因為不管今天過

得如何，我已經至少為自己的事業努力 2 個小時，值得歡慶！

● 中午 12:30 ～ 1:00，在沒有要特別與同事共進午餐的情況下，我會在吃完午餐後，小睡 20 ～ 30 分鐘，為奮鬥後的上午回補一下體力，如果當天精神狀態很好，我會把一些繁瑣的事情，例如回覆私訊、回覆商業合作信等等，安排在中午快速完成。

● 晚上 7:00 ～ 8:00，下班後，我在平日會安排 2 ～ 3 次的運動，每次 1 小時，分別針對胸、背、腿部做重量訓練，幫助我保持體態的精實，也透過鍛鍊，強化我的基礎體能和意志力，這些對於我平衡多元斜槓工作的高壓，有很大的幫助。沒有運動的時候，我會早點回家休息，或是安排每週 1 次的社交聚會，維持朋友之間的聯繫。

● 晚上 9:00 ～ 11:00，回家洗澡休息後，晚上還有 2 個小時的時間可以用來工作，通常我會安排 1 ～ 2 位的諮詢學員，替他們解決自媒體經營、斜槓商業模式規劃、自律生活管理等多面向的議題；如果當天沒有學員需要諮詢，我會按照當下的工作需求規劃我的時間，例如，有演講需要準備的話，我會把這段時間用來製作簡報；商案合作比較多，超過早上時間可以負荷的話，我會繼續用這段時間來製作社群貼文；如果都沒有工作需要處理，那這段時間就是我上線上課程、看書學習的好

時光。

上述這 4 個時段的運用，讓我的一天，在扣掉正職所需要的通勤、上班，以及生活所需的飲食、睡眠時數後，還能有約 4 個小時，能用於斜槓事業的發展。而我也會「每季」做一些輪替，避免自己對於太過重複的生活方式感到厭煩，例如有些時候，我會把運動挪到早上，這樣我下班的時候，就有更多完整的時間可以用於創作。

🛩 假日的時間規劃

● 週末的早上 9:00 ～ 12:00，基本上我都會安排線下的碰面諮詢，因為我很重視教學時見面的溫度與真實感，所以至少會替每位學員安排一次線下碰面。沒有諮詢的時候，這段時間也會被我用來創作貼文。

● 週末的下午 2:00 ～ 4:00，通常每一週的六或日，我會在這個時間安排一場實體講座，沒有安排的另一天，就會安排出遊放鬆行程。

● 週日的晚上 9:00 ～ 11:00，這是一週最重要的兩個小時，因為我會好好靜下心來，復盤我的一週表現，並針對一些尚未完成的進度進行補足。

基本上，週末不會安排得太緊湊，讓我保有滿多彈性時間去應對不同的工作或是休閒，畢竟人還是需要休息的，要是週末也像平日一樣安排得這麼滿，長期下來生活會失去健康的平衡。

　　以上是我作為斜槓上班族的 24 小時規劃，當然我完全理解，不同工作型態、不同身分的人，對時間管理有不同的需求。例如，輪班制的上班族，就很難在平日進行這麼規律的安排；已經有孩子的父母，可能一早就要忙著送小孩去上學，晚上要帶小孩寫作業，很難擠出這麼完整的時間斜槓。

　　因此，我想從我做時間管理的經驗中，精煉一些重要的原則，讓你能夠套入在自己的生活中去應用，打造屬於你的版本的 24 小時斜槓規劃。

◢ 3 原則，打造專屬於你的斜槓計畫

原則❶：要找到你專屬的神聖時間

　　神聖時間並非一種經過科學論證的術語，也並非是特別的專有名詞，而是一個通俗的稱呼，用於描述「**專屬於你，絕對不能被他人、他事干擾**」的時間。

　　很多成功人士都會把清晨的時間，當作自己的神聖時間，用於寫作、運動、處理重要的決策等，像我會把平日早上 6:30 ～ 8:30 這兩個小時，作為我的神聖時間，專心去完成創作的任務。而你可以基於這個原則，去檢視你的一整天中，有

沒有最少 30 分鐘到 1 個小時，是可以先關閉所有的通訊軟體與手機通知，認真沉浸在想要推進的關鍵行動中。

不要小看預留神聖時間給自己這件事，如果沒有認真去執行，我們就會像個提線的木偶，被其他人的其他事情給控制，久而久之陷入一種「**勤勞的空虛**」中，會感覺好像很忙，但自己真正想做的事情都沒有推進，生活既不踏實也沒有重心感。

原則**2**：減少低價值時間的浪費

雖然每個人的上下班時間不太一樣，但如果想盡可能為自己爭取下班後的斜槓時光，透過回頭檢視自己的正職工作狀況，戒除容易讓自己浪費時間、拖累工作進度的壞習慣，就可以避免額外的加班和精力耗損，達到準時上下班、精氣神尚足的理想狀態。

舉例來說，你可以思考看看，自己是不是很常花太多時間和同事閒聊、在茶水間逗留、無意識地瀏覽網站找資料呢？這些低價值的時間耗損，細算起來可能就佔據平常人一天約 1 小時的時間，如果能妥善運用起來，就可以多完成一些工作進度。

再來就是，**盡量先完成自己手上的專案，有餘裕再去協助其他人**。有時候我們可能礙於情面，不好意思婉拒其他同事發出的求助訊號，但如果都把他人的需求擺在第一順位，導致自己正常上班時間用在解決別人的問題，再用加班時間處理自己的本職，這樣真的是非常心酸的狀況。

我想和你分享的觀念是，不是不能幫助別人，不是不能和同事打好關係，而是我們要優先處理好自己的本分和職責，在有能力的情況下，再去幫助別人。畢竟，對方也是領了薪水來工作的，要是什麼事情都靠你處理，除非他把薪水分一部分給你，否則真的說不過去，對吧？

原則❸：適度一心二用

為了更有效率地運用時間，在一些不太需要花費腦力、專注力的時刻，我會拿來做其他事情，幫助我推進任務進度。

舉例來說，我會運用通勤的時間，去思考和整理創作的想法，或是回覆私訊、合作邀約信；我也曾建議我的學員，可以利用在客廳陪小孩寫作業的時間，搭配簡單的舒展運動，而不只是滑手機或打遊戲；還有些學員因為工作時間比較清閒，像是櫃檯服務人員，會有不少空閒、無人來詢問的時刻，這時候就可以利用時間看點書、背背英文單字，都比放空或滑社群媒體來得有價值。

世界上最公平的事，就是每個人一天所擁有的時間，都是24 小時。**而你運用這 24 小時的方式，將會大大決定你的未來樣貌**，希望這個小節的分享，讓你對於如何善用時間去斜槓，有更多明確的方向！

小練習

請試著以我的平日 24 小時規劃方式為藍本,並結合我所分享的 3 個原則,依照你的狀況,設計出專屬於你的版本吧!

23 努力卻看不到成果，怎麼堅持下去？

　　首先，我要先恭喜你遇到了「看不到成果」這個問題。因為這代表，你已經開始為了斜槓事業踏出步伐，而不是停留在思考與猶豫階段，還沒有所行動。

　　再來，當你在未來碰到卡關的狀況時，我建議你可以使用我在第四章教你的「專案管理 5 步驟」來解決。往下讓我替你演示一次該怎麼操作。

◢ 化理論為行動，實際演練

實作行動❶：拆解斜槓目標，定義關鍵行動

　　一般來說，每個人希望斜槓能達到的成果都不相同，雖然多數人渴望的是增加收入，但也有類似像：以斜槓經驗成功轉職、透過斜槓過程打開生活圈，認識新朋友……等不同需求。因此，我們要**先定義好自己對於成果的標準**，才有基準點去評斷現在的成果究竟是好還是壞。

　　這邊先以多數人最在意的收入來做舉例，針對斜槓目標的OKR 拆解可以這樣寫：

目標（O）：原本預期能夠透過斜槓增加收入，但目前沒有明顯的成果。

關鍵行動（KR）：希望自己至少能夠做到每月增加 1 萬元的斜槓收入。

稍微聚焦出關鍵的數字與期待後，我們就可以往下進入第二個步驟，開始從不同層面去拆解，究竟目標無法達成的原因是什麼。

實作行動 **2**：盤點現有資源，向外尋求支援

還記得我在 4-2 小節的教學嗎？在盤點現有資源的時候，可以從以下 4 個面向進行分析，我們一起來看看，讓你斜槓出現問題的瓶頸，究竟是哪一點：

1. 時間：目前平均一週，你投入多少時間在發展斜槓事業上？你覺得足夠嗎？

2. 人力：目前除了自己之外，有誰和你一起發展斜槓事業呢？人手足夠嗎？

3. 資金：為了讓斜槓事業運作順利，你有投入或是準備多少資金做運用呢？

4. 技能：你目前投入了哪些技能在發展斜槓事業上？有發現自己缺乏哪些技能嗎？

有句經典名言是這樣說的：「幸福的家庭都是相似的，不幸的家庭則各有各的不幸」，套用在解決斜槓問題上也是如此。透過先將你的現況以 4 個面向進行梳理，我們才可以更精準地找出你碰上的問題根源，然後針對性地解決問題。

實作行動❸：擬訂執行策略，拼湊成功路徑

針對 4 大資源的盤點，可能讓你察覺到了一些具體的狀況。比如你發現，之所以斜槓沒有成果，賺不到錢，有可能是因為：

1. 時間：能投入的時間太少，正職下班後已精疲力盡，沒有力氣經營自媒體做宣傳，一週才製作一篇貼文，而且發出去按讚數還超級少。

2. 人力：目前只有自己一個人，要同時兼顧自媒體宣傳，還要去思考提供服務的定價、方案等等，遇到問題也沒人可討論，非常難以推進。

3. 資金：因為都還沒賺到錢，所以不想花錢學習，平常先靠網路上的免費文章吸收相關資訊，雖然省，但也讓自己無法全面、結構化地掌握經營斜槓事業的相關技能。

4. 技能：發現自己非常不擅長網路行銷，特別是文案寫作方面的能力，再來就是，有一些商業問題，例如怎麼定價、怎麼設計服務的細節，也不知道怎麼落地執行。

面對這些問題，我們可以依照對應的策略，嘗試找出解法：

1. 時間：分配與節流策略。

也許平常為了應付工作的高壓，你下班後花了太多時間娛樂、熬夜，導致隔天早上無法早起斜槓，要匆匆趕著出門。既然如此，我們可以試著空下比較多的週末時間，去推進你的行動，又或者是稍微減少平日娛樂的時間，用「每週最少 90 分鐘承諾」的形式，讓自己每週都有斜槓進度的產出。

也可以利用「以小時為單位記錄」的方式，先找出平常在正職、生活中，容易分心、無意識浪費掉的時間，讓自己提高工作效率，早早下班，保有餘裕在下班後斜槓。

2. 人力：開源與節流策略。

透過詢問身邊的親友，有沒有人可以和你一起組成共學小組，或是上網加入與自律、斜槓有關的社群，大家一起討論平常會遇到的問題。

也可以從一些實體的講座、活動開始，藉由參加的過程結識講師、同學，讓自己能接觸到更多有斜槓方面經驗的人，在交流過程中獲得新的想法。

如果你對於我經營的社群有興趣，也歡迎你加入！我平常會在群組中舉辦自律打卡活動，並回答學員們在上完我的課程、看完我的書籍後，與斜槓、行銷、自律有關的執行問題（如下圖）。加入方法，請搜尋：https://bit.ly/henrygroup（輸入通

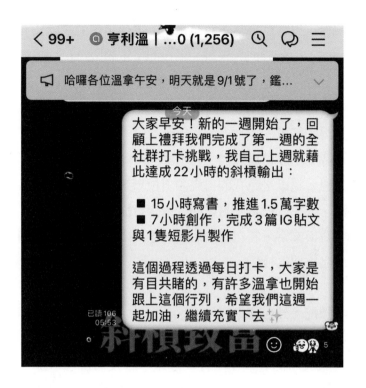

關密語：斜槓致富）。

3. 資金：提高盈虧比策略。

對我來說，為了完成關鍵行動所投入的資金，其實就是一種投資，特別是遇到問題時，與其自己茫然上網找資料，不如透過專業的老師、課程，讓我更快速、更專業地學習和成長，既可省下大量的時間與精力，也能讓我把投入的資金賺回來。

如果你擔心自己在斜槓初期，要先花一筆錢學習會不划

算，那你可以**嘗試提高「投資自己」這件事情的盈虧比。**

例如：你不只把「學習一項技能」定義成自己的獲得，也將「省下的時間精力」、「減少焦慮沒方向的負面情緒」、「建立與一位專家的連結」等等多面向的影響，當作投入一筆錢進修能獲得的好處。

像我早期經營自媒體，在上課學習如何寫作的時候，我都告訴自己，這既是為我的自媒體斜槓事業投資，也是對於我未來職涯、人生的投資，畢竟不管未來會從事什麼型態的工作，透過書寫與文字，將自己的想法表達出來，都是一項應用場景非常廣且重要的技能。

4. 技能：外包或自學。

如果你對於資金的用途有別的規劃，像是要用於進貨、投廣告、架設店面等等，不打算拿來學習投資自己，那也沒關係，因為人的精力畢竟有限，專長也各有分布，我們不可能全部靠自己去學會所有事情，這樣時間的運用效益太低。

但你確實在發展斜槓事業上遭遇瓶頸，缺乏了一些關鍵技能的輔助，該怎麼辦？

其實透過外包形式和其他專業人士合作，也是一個好方法，就像我在之前小節分享的，為了把寶貴的時間投入在我最擅長的事情上，我將「設計」外包出去，而省下的時間，不僅能拿來休息、放鬆，還能去做其他事情，把付出的金錢從別的地方賺回來。

實作行動 ❹：具體落地行動，強化你的執行力

盤點出解決問題的可行方式後，再來就是捲起袖子，開始行動了！還記得我和你分享過該如何提升執行力嗎？

第 1 個技巧：預排行事曆，打造你的未來人生契約。
第 2 個技巧：設計獎懲機制，為行動賦予更多誘因。

別猶豫了，馬上打開行事曆，把你接下來的行動計畫安排上去吧！例如：

1. 每週六的早上 9:00 ～ 12:00 空下來，預留為經營自媒體的創作時間。

2. 每週三晚上安排一個社交活動，去結識對斜槓也有興趣的新朋友。

3. 每週一到週五，平日出門上班前 30 分鐘，早起閱讀與網路行銷有關的書籍。

隨後再替這些行動規劃一些獎勵，比如說，連續一個月認真創作，就犒賞自己買一台新筆電；或是花兩個禮拜的早晨看完一本書，就獎勵自己去吃一頓大餐。運用獎勵機制，替實踐關鍵行動的過程增添更多趣味和動力。

實作行動 ❺：檢視執行成果，學會復盤優化

最後，想要確實解決問題，我們必須定期檢視自己的行動

狀況，找出是否遇上什麼瓶頸，然後再重新思考與設計行動方式，才不會停滯前進。

假設經過一連串的分析，你發現自己努力斜槓都看不到成果，無法完成「每月增加 1 萬元的斜槓收入」這個目標，原因來自你「不擅長網路行銷」，所以你想透過「自學提升技能」這個策略來解決問題。

你規劃「每週一到週五，平日出門上班前 30 分鐘，早起閱讀與網路行銷有關的書籍」這個行動方案，來提升自己的技能，然而實際運作了一個禮拜之後，你發現平日 5 天之中，你只有 1 天做到上班出門前閱讀。

✈ 開啟計畫→執行→反思→優化的循環

接下來，我們就運用 KPT 復盤法，來替這個現況找出解法！

Keep 保持：做得好要繼續保持的地方。
為了讓自己能早起閱讀，晚上會有意識地提醒自己，要提早 30 分鐘上床睡覺。
Problem 問題：遇到問題出現卡關的地方。
平常不習慣這麼早睡，在床上翻來覆去睡不著，導致睡眠品質下降，隔天很難順利早起。
Try 嘗試：下一次行動要嘗試哪些優化方式。

以目前的作息來說，硬是要早睡早起有點困難，下週開始嘗試把閱讀時間改到睡前，讓自己養成平日每天閱讀的習慣。

以上透過完整展現專案管理 5 步驟，帶你走過一次實戰演練，希望能讓你更了解這套工作方法如何應用！相信我，只要我們持續的計畫、執行、反思、優化，就可以成為更加優秀的自己，不斷去解決問題，實踐斜槓目標！

 小練習

請試著應用這個小節所教你的技巧，嘗試分析與解決你目前碰到的斜槓問題吧！

24 讓工作與生活「互惠」，最能提升斜槓效率

在我每一次的演講中，我都會和台下學員分享一句我非常喜歡的話：「你的思維會影響行為，行為會成為習慣，最終習慣會決定你的命運。」

換句話說，**你的未來會成為什麼樣子，與你現在想事情的方式有非常大的相關。**

往下，我想和你分享一套我獨創的「**工作生活互惠思維**」，這個思維方式，幫助我從 2019 年到 2024 年間，保持強大的行動力與正向心態，去應對斜槓生活的諸多挑戰，讓我一路從連續兩年 0 變現，到現在一年可以靠斜槓工作帶來 300 ～ 400 萬台幣的年收入。

想要打造這套思維方式，要從 3 個面向進行修煉，分別是：

1 多元思考的心態
2 機會成本的判斷
3 發揮綜效的習慣

✈ 第 1 個面向：多元思考的心態

當我們在面對挑戰或挫折時，有時候可能會被負面的想法或情緒所影響，而忽略事情的多面向價值，導致錯過一些珍貴的機會。

舉例來說，假設你在目前的工作崗位上，已經熟悉既有的工作事項，卻突然被老闆交代負責一項非常困難的新專案。遭遇這個狀況，多數人一定免不了會出現：「天啊老闆是不是在搞我？這太困難了吧！又要瘋狂加班了！可惡好想離職！真討厭！」等等負面情緒。

如果放任這些負面情緒不斷擴散，那我們的心智、思維就會被汙染，導致我們出現抱怨、逃避、消極處事等行為。雖然我們不至於完全不理會被交辦的新專案，但勢必會降低我們的主動性與積極性，極有可能讓我們只會平庸的完成任務，而不會有更多的熱情、創意，去做出超乎老闆想像的成果，葬送了未來被老闆委派更多專案，爭取績優表現，升官加薪的機會。

因此，我會建議你，在面對任何挑戰或挫折時，可以**嘗試從不同面向，去看待你正在遭遇的事情**。舉例來說，「被老闆委任負責新專案，可能導致要加班」這件事，我會用樂觀的角度來解讀，包含：「未來我有戰功可以跟老闆爭取加薪」、「這次難得的經驗，可以成為我未來轉職的履歷」、「嘗試新的專案內容，可以測試我對新領域有沒有興趣，讓我更了解自己」。

若你在工作與生活中，總能保持多元思考的心態，不讓自

已陷入單純的負面情緒，而是能把視線看向能獲得的好處、學到的經驗，就可以讓你更樂觀、積極去面對挑戰、勇於行動，更快速累積實戰經驗、獲得飛速成長！

✈ 第 2 個面向：機會成本的判斷

擁有了多元思考的心態後，接下來你可能會進入一種「什麼都來，什麼都可以」的階段，因為你會發現很多事情，**不是得到，就是學到**，只要勇於嘗試和行動，總體來說都是有利於人生正面成長的。

然而，要特別注意的是，我們每個人一天都只有 24 小時，必須**審慎評估每件事情的「機會成本」，找出對我們效益最大的選擇**，才不會浪費了寶貴的時間和精力。

關於機會成本的概念，我在本書第一章節的第二小節曾提過，做了一個選擇後，要投入相應的時間、資金、精力，這讓我們需要放棄本來可以將這些資源，用於其他選項所獲得的潛在收益，所以在評估機會成本時，要盡量做到長遠、全面的評估，不要只看見短期、表面的影響，如此一來才能做出更高價值的決策。

舉例來說，以前的我在正職忙碌了一天，在回家離睡前還有 2 小時的情況下，我會全部拿來打遊戲、看劇，但現在的我，除了有想放鬆的心情外，也會思考怎麼應用這 2 小時，做出對人生更有價值的應用。例如，拿來創作社群貼文、閱讀和

運動。

當我每週從 5 天都在娛樂，改成 1 天娛樂、2 天運動、2 天創作社群貼文後，我的每週斜槓產值就開始扶搖直升，雖然確實犧牲了一些娛樂時光，但交換獲得的成果，對人生的長遠發展有更巨大的幫助。

◢ 第 3 個面向：發揮綜效的習慣

有的時候即使理智知道，選擇 A 選項是更有效益的，但礙於意志力已蕩然無存，還是會忍不住去選擇更輕鬆、更快樂、更舒服的 B 選項。例如，晚上下班後，要跟朋友去看一部電影，還是要回家把安排的貼文寫完，我會在這兩個選項之中搖擺不定。

這時候，如果你有養成「發揮綜效的習慣」，就可以替那個你想選擇的選項，賦予更多價值和好處，從而讓你可以毫無負擔地做出選擇。

這裡我說的綜效，是指「一舉多得」的意思，把投入在一件事情上的經驗、收穫，應用在不同的事物上，創造多層次的好處。

舉例來說，當我在看電影放鬆與回家斜槓寫貼文，這兩個選項之中搖擺不定時，我只要能夠讓「看電影」這件事情，對於我斜槓自媒體也有幫助，那就沒問題了！

◢ 3 步驟，讓斜槓人生保持高效

具體可以怎麼做呢？

像是，把看完電影的心得和反思，作為內容題材，以自媒體文章分享出來；或是先主動找電影公司提案，爭取到替某些電影做商業合作的機會，然後再去電影院欣賞電影，同時完成宣傳工作，如此在放鬆的同時，還可以順利賺到斜槓收入，真的是超級划算！

了解完上述這 3 個面向後，讓我和你總結，我是怎麼運作「工作生活互惠思維」的：

步驟❶：當我遭遇一些事情，或是猶豫是否要去做一件事情時，我會先從多元的視角尋找，這件事情能夠為我在哪些面向帶來好處與機會。

步驟❷：結合這些多元價值，我會用長遠、全面的角度，評估每件事情的「機會成本」，找出對我效益最大的選擇。

步驟❸：挑出最有效益的選項後，我會嘗試用不同的方式，為這個選項添加更多價值，發揮綜效；如果這個選項不得我心，我會挑出真正想要的選項，然後用發揮綜效的方式，讓我選擇後依然能帶來不少的好處。

當我持續運用這樣的方式思考與決策，我所做的每一個決定，投入的每一份時間和精力，都可以為我帶來好幾倍的好處，讓我的正職工作、斜槓副業、生活娛樂，彼此之間都能互惠互利，透過經驗、技能的共享與共用，打造我的高效斜槓人生。

 小練習

這個小節，我想特別請你先從「多元思考的心態」開始做練習。仔細思考看看，近期有沒有發生哪些讓你感到困擾、產生負面情緒的事情，其實隱藏著一些你沒發現的好處呢？試著為這件事情至少寫下 1 個正面效益吧！

25 就是今天！4 步驟啟動你的斜槓計畫

隨著現代社會工作型態的轉變，越來越多人開始選擇「斜槓」人生，不僅是想在正職工作外創造多元收入，也希望能在不同領域中，發揮個人的專長和興趣。

然而，無論是選擇接案、跑外送，還是經營自媒體，**斜槓並非只是單純的「多做幾份工作」，而是一種追求綜效、發揮優勢、激發個人成長的生活方式**。想要成功並持續斜槓，而且越做越好，就必須針對自身的現況，做深思熟慮的評估，然後在發展斜槓副業的過程中，不斷優化我們的工作策略。

往下，我會總結這本書提供給你的知識點，並整理出最重要的四大步驟，帶著你從頭開始，打造屬於你的斜槓計畫！

◢ 第 1 步：評估正職與生活的穩定性

開始斜槓前，建議你先問自己：「我的正職工作穩定嗎？」這個問題的答案，決定了你能在斜槓事業上投入多少心力。你可以從以下五個角度去評估你的現狀：

正職熟悉度

你對現職的掌握度如何？如果你對目前的工作還不夠駕輕就熟，難以準時完成任務，那我會建議你，先把時間投入在提升正職的工作效率及品質上。這樣一來，才能有更多餘裕和精力去開展斜槓工作。

工作穩定性

目前正職身分所在的單位是否發展穩定，讓你不用擔心隨時被裁員？如果環境相當不穩定，前景出現一些警訊，那你更該花時間規劃下一段職涯的去處，而非分神去做斜槓任務。

工作與生活的平衡

如果你已經常為了工作忙得焦頭爛額，生活品質也因為長時間的加班而受到影響，那麼在開始斜槓之前，你可以先嘗試改善時間管理的方式，或是協調工作量來達到平衡後，再開始斜槓。

財務狀況

你現在有沒有迫切增加收入的需求？如果經濟壓力非常大，可能需要考慮先選擇能快速變現的斜槓模式，例如接案，讓自己的現金流穩定後，再逐步轉向長期的事業發展，例如做自媒體。

<u>個人意願與動機</u>

最後，問問自己是否真的想要斜槓？是否有明確想要增加收入，或是實踐自我的目標呢？如果只是因為看到別人在做而感到焦慮，覺得自己不得不跟上，這樣的心態可能會讓你容易半途而廢。只有當你真的明確想要斜槓時，這個過程才會順利持續下去。

✈ 第 2 步：分析自己的興趣與專長

斜槓的起點，往往源於自身所擁有的興趣或是專長。因為當你對某個領域有深厚的興趣，或是擁有一定程度的專業時，可以幫助你在遇到挑戰時，更有動力和熱情去克服困難，也相對比較容易在結束正職的忙碌之餘，能堅持投入時間和精力去執行。

反過來說，如果你挑選一個並非自己專長，也不是特別感興趣的領域想發展斜槓事業，那麼可能很快就會在初期成效不彰或是遇到難關時，失去前進的熱情和動力，導致斜槓事業難以持續。你可以從三個面向，來分析你所擁有的興趣和專長：

<u>投入程度</u>

從過去到現在，有沒有哪些事情，是你已經投入了超過數年的時間，而且每隔幾個月，你都會額外花時間或是金錢，去進修、涉略與之有關的新消息、新技術、新趨勢？

親友信任

你身邊的親友是否高度相信你的專業，總會針對特定的議題，詢問你的建議或看法？

成就感

當你從事哪些事情時，會讓感到特別的振奮、開心、有成就感，好像得到源源不絕的動力，想要持續下去並越做越好？

打造成功斜槓事業的關鍵因素，是找到一個既能發揮個人專長，又符合自身興趣的領域，因為**興趣能讓你在多重工作間保持動力，而專長則是確保你在市場中具備足夠的競爭力。**

✈ 第 3 步：打造屬於你的個人品牌

在發展斜槓計畫的過程中，個人品牌的建立真的非常重要。

個人品牌能具體展現你的特質、願景與價值，形塑一個正面優質的形象，引發他人對你專業能力的信任，以及找你合作的期待。這個期待，將能成為我們斜槓事業蒸蒸日上、案源不斷的重要關鍵。

還記得我在第三章跟你分享的小故事嗎？我曾收到一位多年未聯絡的朋友邀請，去擔任 Google 社群活動的講師。這位朋友之所以放心邀請我，並非因為我們有密切的私交，而是因

為他長期關注我在社群上對自媒體與個人品牌經營的分享，相信我擁有足夠的經驗與能力，勝任講師的工作。因此，透過持續分享專業內容，讓你的價值被看見，你的斜槓機會也會自然而然地出現。

為了幫助你快速、有效地建立個人品牌，我在第三章也詳細說明，在這個網路時代，運用社群媒體建立個人品牌的具體方法，推薦你按照這份「個人品牌策略表格」的整理，著手開始進行吧！

透過社群媒體經營個人品牌		亨利溫範例
1. 斜槓目標	第一類斜槓收入模式：販售時間或技術	無。初期以第二類為目標，後續才衍生出演講、諮詢、單篇社群業配……等投入時間與技術換取報酬的收入方式。
	第二類斜槓收入模式：販售商品獲利或抽佣	想發展自己的斜槓教育事業，打造能持續販售的課程＆衍生服務，因此先以自媒體建立專業個人品牌。
2. 優勢資源	特質	自律、時間管理的習慣、擅於做計畫並實踐。
	願景	幫助別人更好地斜槓。
	價值	實質價值：對斜槓有幫助的自媒體經營、溝通、時間管理、專案管理、商業運營等技巧。 情緒價值：如何面對挫折、壓力、如何有效自我激勵。

（接下頁）

		上述的分享，都來自我自己大量閱讀、大量實踐後的經驗，既屬於我的專業，也是我有興趣的事情，所以讓我能夠源源不絕的提供內容，是我的優勢資源。
3. 受眾需求	以過去的自己當作受眾	從壞到好、從不熟悉到熟悉、從沒改變到成功改變，做出這些成長的技巧和方法。
	直接訪問了解受眾需求	步驟 1. 詢問對方的目標和渴望。 步驟 2. 詢問對方是否滿意目前的進度。 步驟 3. 三面向了解對方的難處和痛點。 步驟 4. 詢問對方為了解決困難，曾經嘗試哪些方法。
4. 四大架構	知識教學型	段落一：創造情境，引動情緒 段落二：提供解答，展現好處 段落三：逐步分析，如何應用
	個人故事型	段落一：展現挫折，引發共鳴 段落二：努力付出，尋找解答 段落三：說明結果，未來應用
	議題評論型	段落一：破題觀點，說明切點 段落二：列出舉例，提出分析 段落三：收斂總結，給予建議
	銷售宣傳型	段落一：點出問題，引起重視 段落二：分析問題，放大情緒 段落三：提供解法，詳述特色

✈ 第 4 步：運用專案管理推進斜槓計畫

斜槓生活最重要的核心，在於你如何分配有限的時間和精力，逐步推進你的計畫，實踐目標。透過我在第四章的教學，目的就是幫助你掌握一套完整的做事方法，你可以把這套方法應用在：

正職工作

當你能釐清工作目標，拆解關鍵行動，就能更有效率地完成任務，並且提升正職工作的品質，避免額外時間的浪費，爭取準時下班，保留更豐沛的時間和精力，投入在斜槓事業上。

生活管理

用專案管理的方式，針對你想要改善的壞習慣、養成的好習慣，制定相關的計畫，從運動、閱讀，到上課學習，當你能自律做好生活管理，就能更好地掌控時間和精力，並鍛鍊心性、體能、意志力，打造能高效斜槓的優良體質。

斜槓計畫

不同於在學校讀書時，有固定的課表推動我們學習；在正職工作上，有需要承擔的責任和義務，在督促著我們，沒有人會逼你斜槓，因此在推進斜槓企劃上，非常需要自發性與行動力，否則在沒有其他人監督、鼓勵我們的情況下，斜槓計畫往

往往會被延誤或是淡忘。

因此，衷心希望你能在專案管理五步驟的幫助下，逐步從目標開始，拆解你的斜槓關鍵行動，並透過一系列的分析、策略、執行、復盤，一步一腳印去實踐目標，讓自己成長，順利賺進多元收入。

用專案管理實踐斜槓收入計畫		亨利溫範例
步驟 1：拆解斜槓目標，定義關鍵行動	以 OKR 方式拆解斜槓目標，用 SMART 原則與 5W1H 分析法，針對目標定義關鍵行動。	O：2024 年自媒體專業化 KR1：出書 1 本 KR2：短影片更新 100 則 KR3：推出 1 對 1 自媒體陪跑顧問服務
步驟 2：盤點現有資源，向外尋求支援	針對 4 種屬性的資源做盤點：時間、人力、資金、技能	時間：一週 10 小時寫書 人力：自己寫書＋出版社編輯校稿（外部資源） 資金：出版社分攤出版費用（外部資源） 技能：文案寫作力、邏輯思考力
步驟 3：擬訂執行策略，拼湊成功路徑	不同屬性的資源，有對應可施展的策略。 時間：分配與節流	時間：每週平均分配，最少 90 分鐘承諾。 以一小時為單位記錄，節省容易浪費的時間。 人力：組共學小組，激發科勒效應與承諾一致性原理。

（接下頁）

		守護個人時間精力用於寫書，減少無意義的社交活動。
	人力： 開源與節流 資金： 提高盈虧比 技能： 外包或自學	資金：引入外部資源，降低風險，提高製作自媒體變現陪跑營的盈虧比。
		技能：外包設計需求，透過大量輸入與輸出，自學寫作、邏輯思考、內容行銷能力。
步驟 4： 具體落地行動，強化你的執行力	技巧 1. 預排行事曆 技巧 2. 設計獎懲機制	預排行事曆的技巧： 1. 以季為單位，將大專案拆解成小任務，分散安排。 2. 以月為單位，替當月與下個月的重要任務安排時間。 3. 以週為單位，每週日精細規劃下週要做的事情。 設計獎懲機制的技巧： 1. 完成任務，獲得獎勵。 2. 沒完成任務，接受懲罰。 3. 找親朋好友擔任監督者。
步驟 5： 檢視執行成果，學會復盤優化	技巧 1. KPT 復盤法 技巧 2. FERA 復盤法	KPT 復盤法，快速針對一段時間的表現，或是單一事件的推進成果，找出問題卡關點，做復盤優化： 保持：今日成功在下班回到家後，寫書 30 分鐘！ 問題：原本預計是要寫 1 個小時，只寫 30 分鐘。 嘗試：晚上寫太疲倦了，改成明天早上寫試試看。

（接下頁）

		FERA 復盤法，深入針對單一事件做反思，提煉對於自我認知的洞察，用於優化未來行動： 事實：今日成功早起寫書 3 小時。 情緒：完成計畫要做的事，讓我覺得自信。 反思：想在生活中，多創造這樣的正面感受。 行動：簡化未來行動的難度，讓自己能不斷體驗從計畫到實際完成的感受，為自己創造自信！

 小練習

這個小節是我為整本書所做的一個總結，如果其中有任何細節，你忘了具體該怎麼執行，可以往回翻到對應的章節複習，請務必要跟著這裡提到的四步驟，制定你專屬的斜槓計畫唷！

實踐斜槓致富，
成為更好的自己

　　我的父親是一位自己創業的美髮師，從小在他的店裡長大，讓我耳濡目染學會了接待客人的應對進退，也對於自己當老闆，發展自己的事業有極大的興趣。

　　我的母親是一位熱愛教育的小學老師，在她溫柔並嚴厲的教育下，讓我愛上閱讀，並培養了持續學習的好習慣，也看見了教育能帶來多麼美好的影響力。

　　雖然求學期間我還沒有自覺，但是在大學快畢業，開始要找實習、思考未來的職涯規劃時，我發現我對創業、賺錢有興趣，也對於教育、幫助別人成長有興趣，因此我開始思考，我能夠結合「商業和教育」，去成就些什麼事情嗎？

　　當時其實並沒有立即的答案。然而這個念頭成了種子，深耕在我的思維之中，伴隨著我出社會後，一路工作、學習、開始斜槓、透過自媒體成為講師與教練，然後在某一天我突然發現，我居然在不知不覺中做到了結合商業和教育能力，去傳遞正面的影響力。

這件事情真的很酷，即使過程中沒有刻意為之，但當我回神一看，從 2019 到 2024 年，以自媒體開啟「斜槓之路」的這五年，讓我實踐了自我成長，提升了賺錢能力，還實現了大學畢業前的小小夢想，把我有熱情的事情，融入現在的事業之中。

如同我在前言提到的，我認為斜槓所帶來的好處，不只是多賺幾份收入，而是能讓我們成為更堅強、更有能力的人，以我自己來說，我在個人能力、收入、人際關係、感情上，都獲得非常驚人的成長。

希望這本書能夠完整、清楚地傳達，我所擁有的知識和經驗，幫助你也成為對自己更有自信、對未來更有規劃、對人生更有行動力的人，去有效運用你的時間、經驗、技能和興趣，打造斜槓事業，實踐斜槓致富！